VIVA
VALIENTEMENTE

VIVA
VALIENTEMENTE

JOYCE MEYER

NEW YORK • BOSTON • NASHVILLE

FaithWords
Hachette Book Group
237 Park Avenue
New York, NY 10017
www.faithwords.com

Impreso en los Estados Unidos de América

RRD-C

Primera edición: Septiembre 2014
10 9 8 7 6 5 4 3 2 1

FaithWords es una división de Hachette Book Group, Inc.
El nombre y el logotipo de FaithWords es una marca registrada de
Hachette Book Group, Inc. La editorial no es responsable de los
sitios web (o su contenido) que no sean propiedad de la editorial.

International Standard Book Number: 978-1-4555-7842-9

CONTENIDO

¡Temor! ¿Ha sido alguna vez un problema para usted? ¿Ha evitado alguna vez que usted se moviera a áreas que podrían enriquecer su propia vida y las vidas de otras personas? Estoy segura de que su sincera respuesta es sí, porque todo el mundo recibe la visita del temor en algún momento u otro. Tenga lo siguiente en mente: si alguna vez ha tratado con el temor, o si está tratando con el temor en este momento, no está usted solo. El temor es uno de los mayores problemas al que todos debemos enfrentarnos si queremos vivir verdaderamente la vida a su máxima plenitud.

Pero tengo buenas noticias para usted: ¡hay una solución para el temor!

Uno de los muchos beneficios disponibles para los cristianos es la libertad del temor; pero a fin de recibir esa libertad, tenemos que estar preparados para hacerle frente de cara. Cuando evitamos realizar cambios o enfrentar problemas en nuestras vidas debido al temor, necesitamos recordar que Dios ha prometido ir delante de nosotros y sacarnos victoriosamente si le obedecemos. Yo creo que una relación cercana con Dios es la solución para vivir valientemente en lugar de vivir con temor.

> *Busqué al Señor, y él me respondió; me libró de todos mis temores.*
>
> Salmos 34:4

A lo largo de la Palabra de Dios se nos enseña que no tengamos temor. La frase "no temas" se encuentra continuamente por toda la Biblia. Dios no esperaba que sus hijos no sintieran temor, ni tampoco que nunca fuesen confrontados por el temor, pero sí espera de nosotros que no nos sometamos al temor. Podemos y deberíamos resistirlo en el poder de Dios. Somos llamados por Dios a vivir valientemente, con osadía y obediencia, y ninguna de esas cosas es posible hasta que estemos dispuestos a reconocer y tratar nuestros temores.

Valentía no es la ausencia de temor; es temor que ha hecho sus oraciones y ha decidido seguir adelante de todos modos. Yo estuve por muchos años atormentada emocionalmente y obstaculizada a la hora de hacer muchas de las cosas que quería hacer simplemente porque esperaba no sentir temor, pero entonces descubrí que podía "hacerlo aunque sea con miedo". Mire, la libertad que tenemos en Cristo es que podemos hacer cualquier cosa que necesitemos hacer porque Él está con nosotros. Él ha ido delante de nosotros y ha allanado el camino, y promete no dejarnos nunca ni abandonarnos. No importa cómo nos sintamos; podemos avanzar valientemente en fe, confiando en Dios. Cuando enfrentamos nuestros temores con fe en Dios, podremos seguir sintiendo los efectos de esos temores, pero no pueden detenernos. El temor finalmente debe agachar su cabeza ante la valentía; no tiene ninguna otra opción.

Los diferentes tipos de temor son tan numerosos que dudo que incluso pudieran contarse, pero todos ellos tienen la misma solución: ponga su fe en Dios y siga adelante haciendo lo que Él le diga que haga. El poder de Dios está a disposición de todos nosotros y se recibe por medio de la fe. La fe da un paso y cree que Dios lo llenará con el poder para continuarlo. Cuando los israelitas viajaban hacia la Tierra Prometida, se encontraron con el mar Rojo que bloqueaba su camino y con el feroz ejército egipcio que se acercaba rápidamente a sus espaldas. Sintieron temor y comenzaron a quejarse, deseando no haber salido nunca de Egipto. —*No tengan miedo*—les respondió Moisés—. *Mantengan sus posiciones, que hoy mismo serán testigos de la salvación que el*

Señor realizará en favor de ustedes (Éxodo 14:13). En medio de lo que parecía ser una situación imposible, Dios le dijo a Moisés que avanzara, levantara su vara y la extendiera sobre el mar Rojo y lo dividiera.

Moisés tuvo que dar un paso de obediencia a la vez que seguía sintiendo temor antes de ser testigo del poder milagroso de Dios que hizo lo imposible. Me pregunto lo necio y temeroso que se sintió Moisés cuando estaba allí con una vara en su mano sosteniéndola por encima del agua. Qué acción tan necia debió de haber parecido ante un dilema tan inmenso, y aun así el mar Rojo se dividió y los israelitas cruzaron al otro lado sanos y salvos, mientras que Dios simultáneamente destruyó al enemigo que les había causado sentir temor en un principio. Aquello fue sin duda un verdadero milagro, pero uno que no se habría producido a menos que Moisés y los israelitas hubieran estado dispuestos a "hacerlo aunque sea con miedo".

Por favor, no pase por alto este punto tan importante: nosotros damos un paso para ser obedientes a Dios mientras sentimos temor, y entonces eso libera la gracia (poder) de Dios para hacer lo que sea necesario hacer.

Si está buscando un modo de nunca volver a *sentir* temor, entonces este libro no le ayudará. Pero si está preparado para decir adiós al temor y aprender a vivir valientemente, creo que recibirá las herramientas espirituales que necesita para hacerlo. Es su derecho heredado como hijo de Dios vivir la vida al máximo y disfrutarla. Tenga expectativa a medida que comienza su viaje para aprender a conquistar el temor y ser todo lo que Dios quiere que usted sea, de modo que pueda hacer todo lo que Él quiera que usted haga.

PARTE 1

He dividido la enseñanza de este libro en dos partes. En la parte 1 quiero darle un entendimiento de lo que es el temor, de dónde proviene, cuál debería ser su actitud hacia él y cómo puede vencerlo.

CAPÍTULO 1

Diga adiós al temor

El Señor está conmigo, y no tengo miedo; ¿qué me puede hacer un simple mortal?

Salmos 118:6

Querido temor:

Solamente me refiero a ti como "querido" debido a nuestra relación íntima por tanto tiempo, y ciertamente no porque seas querido para mí de ninguna manera. De hecho, has sido una influencia atormentadora de principio a fin. Me has dicho mentiras y has evitado que haga las cosas que yo quería hacer y debería haber hecho. Sin duda, eres un compañero miserable y desgraciado, uno con el que ya no estoy dispuesto a relacionarme.

Te escribo esta carta para hacerte saber que desde este momento en adelante, ¡no temeré! Aunque puede que sienta tu presencia, no me inclinaré ante tus demandas. Tengo un amigo cuyo nombre es Jesús, y Él ha prometido no dejarme ni abandonarme nunca, sino estar conmigo siempre. Él es ciertamente un amigo poderoso, y aunque tú tienes cierto poder, el de Él es con mucha diferencia mucho mayor que el tuyo. Tú puedes venir contra mí, pero Jesús vive en mí, y el poder de Aquel que está en mí es mayor de lo que tú eres (véase 1 Juan 4:4).

Aunque no puedo evitar que vengas a visitarme, sí quiero darte la noticia de que serás ignorado. Ahora estoy demasiado ocupado teniendo comunión con mi amigo Jesús y desarrollando una relación íntima con Él para darte nada de mi tiempo. Cuanto más tiempo paso con Jesús, más valiente me vuelvo. Él me está enseñando un nuevo modo de vivir, que es emocionante y lleno de aventura; uno que carece de temor.

También quiero informarte de que ya que tengo tanta experiencia contigo y sé lo derrotista que es escucharte, ahora tengo intención de decir a todas las personas que pueda que eres un ladrón y un mentiroso. Los años que he desperdiciado contigo serán redimidos, y yo daré mucho fruto bueno. Gracias por conducirme a Jesús. Mira, me hiciste tan desgraciado que busqué un modo de ser libre de ti, y Jesús se encontró conmigo donde estaba y me hizo libre.

En caso de que decidas desperdiciar tu tiempo e intentar visitarme incluso después de mi carta, te hago saber de antemano que serás recibido mediante la fe en Dios y la determinación: ¡no temeré!

Sinceramente y decididamente,

_____

(escriba su nombre aquí)

No temeré

Antes de poder realmente comenzar a hablar de tipos concretos de temor y cómo vencerlos, creo que cada lector necesita tomar una decisión, y esa decisión es: "¡no temeré!". Es necesario establecer en su mente que ha terminado con el temor. Si ha estado casado con el temor, ¡es momento de un divorcio! Es momento de cortar todos los vínculos y situarse en una posición donde sea libre para vivir la vida que verdaderamente desea. Una vida de obediencia a Dios que producirá gozo y fomentará el crecimiento y el progreso.

A medida que avance en este libro, aprenderá sobre la

naturaleza y la fuente del temor, los tipos de temor que las personas tratan y cómo resistirlos en el poder de Dios, pero antes necesita tomar la firme decisión de que ha terminado con el temor. Su decisión no evitará que el temor le visite, pero usted estará decidido de antemano a que cuando lo haga, no cederá a él. Ahora solamente tiene una marcha, ¡y es hacia adelante! El temor nos retiene, llevándonos marcha atrás, pero esa marcha ha sido eliminada de nuestras vidas, ¡y todos los sistemas van ahora hacia adelante!

La Palabra de Dios nos enseña que debemos fijar nuestra mente y mantenerla en las cosas de arriba, y no en las cosas de la tierra (véase Colosenses 3:2). Cuando aplicamos este versículo al tema del temor, podríamos decir que es fijar nuestra mente y mantenerla en la dirección de Dios para nuestra vida, y no en el temor que nos hace ir hacia atrás o nos deja paralizados en el mismo lugar, incapaces de realizar progreso de ningún tipo.

Lo que yo denomino "determinación santa" es una cosa buena. No es una determinación solamente de la voluntad del hombre, la cual no es lo bastante fuerte para terminar la tarea, sino una determinación en Dios y con Dios de que usted no se rendirá hasta que experimente victoria. Apartados de Jesús no podemos hacer nada. Ni siquiera la fuerza de voluntad más fuerte producirá éxito duradero sin Él. Pero con Él, en Él y por medio de Él, podemos afrontar cualquier cosa y hacer cualquier cosa que sea la voluntad de Él para nosotros.

El salmista David decía con frecuencia: "no temeré". Creo que decía eso como respuesta al temor cuando llegaba para llamar a la puerta de su mente y sus emociones. Él estaba declarando su posición en Dios y haciendo saber que su intención era permanecer firme y no ceder al tormento, las mentiras y las amenazas del temor. Incluso llegó al extremo de decir que si atravesaba el valle de la muerte, no temería mal alguno, porque Dios estaba con él (véase Salmos 23:4). David estaba fijando su mente y manteniéndola establecida.

Habría sido bonito si el temor no existiera, pero Dios organiza las cosas de tal manera que siempre debamos tomar una decisión. Él no quiere robots que le sirvan porque no tienen ninguna otra opción; desea que libremente le escojamos a Él y sus caminos. Dios nos ha dado libre albedrío. Eso es un privilegio y una responsabilidad. Cada día tomamos muchas decisiones, y esas decisiones determinan la calidad de vida que tendremos. Dios nos muestra la mejor manera de decidir, pero nunca nos obligará a tomar las decisiones que Él desea. Satanás utiliza tácticas de fuerza y manipulación, pero Dios nos da sabiduría y la oportunidad de escoger el bien o el mal. En cierto sentido, podríamos decir que Dios nos ha hecho los amos de nuestro propio destino. Él quiere que utilicemos nuestra voluntad para escoger la voluntad de Él, y cuando lo hacemos, el destino que Él tiene en mente para nosotros se llevará a cabo.

Sin embargo, si una persona escoge utilizar su propia voluntad para no seguir la voluntad de Dios, Dios no le obligará a hacer lo correcto. Es decisión de la persona.

> *Hoy pongo al cielo y a la tierra por testigos contra ti, de que te he dado a elegir entre la vida y la muerte, entre la bendición y la maldición. Elige, pues, la vida, para que vivan tú y tus descendientes.*
> Deuteronomio 30:19

Es fácil ver por esta escritura que aunque somos confrontados con el bien y el mal (fe y temor), Dios quiere que escojamos la fe en Él. El temor siempre produce muerte y maldición, mientras que la fe produce vida y bendición. Me aventuraría a decir que cada decisión que afrontamos en la vida encaja con esta escritura en cierta manera u otra. Toda decisión que tomamos produce vida o muerte, bendiciones o maldiciones. Incluso si una persona decide no dormir lo suficiente y lleva una dieta de comida basura, está escogiendo muerte y maldiciones en lugar de vida y bendiciones. Finalmente, una persona es la culminación de las decisiones que ha tomado en la vida.

Algunas decisiones tienen consecuencias más graves que otras, pero todas ellas producen cierto nivel de consecuencia. Dios lo expresa de manera muy sencilla cuando dice que "cosechamos lo que sembramos" (véase Gálatas 6:7). El resultado de las malas decisiones puede ser cambiado tomando buenas decisiones, y por tanto vemos que el hombre no está nunca en una posición donde no puede ver cambio positivo si verdaderamente lo quiere. Si está usted cansado del temor y de sus consecuencias, puede dar un giro a su vida escuchando lo que Dios intenta decirle en este momento.

Usted tiene que tomar la decisión. ¿Dirá adiós al temor y no mirará atrás? ¿Afrontará la vida valientemente, sabiendo que Dios está siempre con usted? ¿Dejará de vivir por sentimientos y comenzará a vivir por la verdad de la Palabra de Dios? ¡Creo que lo hará!

Decidir de antemano que no vivirá usted en temor le ayuda a estar preparado para enfrentarlo de cara cuando llegue.

No corra

Cuando Dios le dijo a alguno de sus siervos "no temas", en esencia le estaba diciendo que el temor iba a atacarle, y cuando lo hiciera, debía permanecer firme y no salir corriendo. El temor nos presiona a correr, ocultarnos, y ver que la vida pasa por nuestro lado. Incluso en el huerto del Edén, en cuanto Adán y Eva supieron que habían desobedecido a Dios, su primer instinto fue salir corriendo y ocultarse de Él. Dios había querido que ellos vivieran valientemente, para gobernar y reinar, pero ellos se ocultaron.

Después de que Dios crease a Adán y Eva, los bendijo y les dijo que fuesen fructíferos y se multiplicasen y llenasen la tierra. Dijo que debían someterla y tener dominio sobre ella y sobre todo lo que Él había creado (véase Génesis 1:28). Eso ciertamente no suena a que cobardía y timidez fuesen la voluntad de Él para el hombre y la mujer que había creado. Sin embargo, cuando ellos desobedecieron el mandato de Dios de no comer del árbol del conocimiento del bien y del mal, trayendo el pecado a la atmósfera de la tierra, el temor llegó junto con él. Ellos ya no pudieron seguir valiente y cómodamente en la presencia de Dios porque sabían que sus acciones eran erróneas, y por eso se ocultaron en temor. Tristemente, la humanidad se ha estado ocultando en temor desde entonces.

Finalmente, Dios envió a su Hijo Jesús para liberarnos del pecado y del temor que viene con él, pero multitudes siguen rechazando la hermosa respuesta de Dios que se encuentra en Cristo, y siguen viviendo vidas derrotadas, ocultándose, corriendo y siendo atormentados por temores de todo tipo. Tome la decisión de que usted encarará los problemas de frente con Dios a su lado. He estado diciendo por mucho tiempo que "la única manera de salir es atravesar". No podemos conquistar nada huyendo de ello o intentando evitarlo; debemos atravesarlo, y cuando estemos sanos y salvos al otro lado tendremos una victoria que no nos puede ser arrebatada.

Durante años, yo intenté evitar mis problemas y las cosas de mi pasado que me perseguían, pero finalmente decidí enfrentarlas. No fue fácil, pero ahora que estoy al otro lado de ellas puedo decir sin lugar a dudas que valió la pena.

Tuve que enfrentar la verdad de que mis padres no me

amaron, y nunca pudieron amarme verdaderamente porque no sabían lo que era el amor verdadero. Tuve que hacer cara de frente a que mi padre abusó de mí sexual, mental y verbalmente, y mi madre me abandonó en la situación viviendo en temor y negándose a confrontar a mi padre. Me robaron mi niñez y nunca podría recuperarla, pero podía confiar en que Dios la reviviera.

El temor de mi madre abrió una puerta durante muchos años de angustia para mí, y finalmente destruyó su salud mental y la dejó solamente con lamentos y recuerdos. El temor NUNCA es una buena decisión. Tiene consecuencias negativas que alteran la vida. Yo tuve que hacer frente a esos tristes hechos y confiar en que Dios sacara bien de ellos en lugar de permitir que me destruyeran. Pero el primer paso hacia la victoria fue hacer a un lado el temor a ellos y afrontar mi vida tal como era, no como yo desearía que hubiera sido. ¡Lo confronté! Lo acepté y salí hacia la victoria, y usted puede hacer lo mismo sin importar cuáles hayan sido sus circunstancias hasta ahora en la vida. No huya de la verdad y viva fingiendo, sino escoja en cambio ser sincero, abierto, y no tener temor a su pasado o a su actual realidad.

Hay varios buenos ejemplos en la Biblia de hombres y mujeres de Dios que huyeron de sus circunstancias o de la voluntad de Dios, y sin excepción alguna, todos ellos terminaron de nuevo en el lugar del que habían huido. Es evidencia de que nunca realmente podemos alejarnos de cosas al huir de ellas. La verdad es que continúan persiguiéndonos, y el único modo de ser libres es dejar de correr, darnos la vuelta y enfrentarlas valientemente, y recorrer todo el camino hacia la victoria con la ayuda de Dios.

Jonás, un poderoso profeta de Dios, no quería hacer lo que Dios le pedía que hiciera, de modo que salió corriendo y fue en la dirección opuesta a la que Dios le había indicado que fuese. Terminó en muy malas circunstancias, y finalmente oró a Dios pidiendo ayuda. Como resultado, Dios envió a Jonás de regreso al lugar del que había huido con la misma instrucción que le había dado antes de que desobedeciera e invitara a su vida malas circunstancias y desgracia. La simple verdad es que Dios es más sabio que nosotros, y hacer las cosas a su manera es siempre la mejor política. Podemos ignorar esa verdad y seguir nuestro propio camino, pero todos finalmente debemos enfrentarnos cara a cara con el resultado de nuestras decisiones. ¡Gracias a Dios que nunca es demasiado tarde para volver a comenzar! Jonás se arrepintió y fue capaz de comenzar otra vez, y también podemos hacerlo nosotros.

Rendirnos al temor altera el mejor plan de Dios para nuestra vida. En lugar de ser temeroso, sea obediente a lo que Él quiere que usted haga, ¡incluso si tiene que *hacerlo aunque sea con miedo*! Las recompensas son grandes.

Elisabeth Elliot, cuyo esposo fue asesinado junto con otros cuatro misioneros en Ecuador, dice que su vida estaba completamente controlada por el temor. Cada vez que ella comenzaba a entrar al ministerio, el temor la detenía. Entonces, una amiga le dijo algo que le hizo libre. Su amiga le dijo: "¿Por qué no lo haces aunque sea con miedo?".

¿Ve el poder que hay en esa frase? Su amiga no dijo: "Quizá deberías abandonar porque sientes miedo", o: "Eres una cristiana débil porque estás tratando con el temor". Su amiga sugirió que confiase en Dios y siguiese adelante a pesar del miedo que sentía.

Elisabeth escuchó y aceptó ese consejo, y junto con Rachel Saint, la hermana de uno de los misioneros asesinados, siguieron adelante para evangelizar a las tribus indígenas de

Ecuador, incluidas precisamente las personas que habían matado a sus seres queridos.

Qué historia tan sorprendente. Solamente puedo imaginarme el miedo que Elisabeth sentía cada vez que intentaba regresar al lugar donde su esposo había sido asesinado. Estoy segura de que las imágenes que Satanás presentaba a su imaginación eran aterradoras, y los pensamientos que presentaba ante su mente podrían haberla dejado inutilizada si ella no hubiera decidido que iba a hacer la voluntad de Dios incluso si tenía que hacerla aunque fuese con miedo.

Ella podría haber huido fácilmente, pero se habría perdido la increíble oportunidad que Dios le dio de convertir el sacrificio de su esposo en algo bueno y hermoso. La valentía siempre derrotará al temor si permitimos que nos dirija.

Si usted quiere correr, no corra alejándose de las situaciones, corra hacia ellas. Eso es exactamente lo que hizo David cuando se enfrentó al gigante Goliat. La Palabra de Dios afirma que David corrió rápidamente hacia la línea de batalla. Corrió, pero lo hizo en la dirección correcta. Como sabemos por la Escritura, David, contra toda probabilidad sensata y razonable, venció a Goliat y pasó a ser el rey, el campeón y héroe de Israel. David era el menos probable de todos en la tierra en

> *Si usted quiere correr, no corra alejándose de las situaciones, corra hacia ellas.*

ese momento para ser escogido para aquella tarea, pero Dios no ve como el hombre ve. Dios mira el corazón, y Él vio que ese pequeño pastor, David, tenía valentía en su corazón. David no estaba entrenado ni formado en las artes de la guerra, pero un hombre sin entrenamiento ni formación pero con valentía y fe en Dios es más valioso para Él que un cobarde muy bien entrenado y formado.

Dios me ha dado el privilegio de dirigir un ministerio que

alcanza a una mayoría del mundo con el evangelio de Jesucristo. Yo habría sido la candidata con menos probabilidades. No tenía la correcta educación, experiencia o personalidad para ese trabajo, pero estaba dispuesta a dar el paso e intentarlo mientras Dios permaneciera a mi lado. Sé que había muchas otras personas más calificadas que yo naturalmente, y quizá Dios les dio la oportunidad incluso antes de dármela a mí, pero tuvieron temor a creer y tuvieron demasiado miedo al fracaso para ni siquiera intentarlo. No sé por qué Dios me escogió a mí, pero sí sé que sin duda no se debió a que yo estuviera calificada según las normas naturales.

Dios está con usted

Muchos de los hombres y mujeres de los que se habla en la Biblia dijeron las mismas cosas cuando enfrentaron retos en sus vidas: "No temeré porque Dios está conmigo". ¡Qué hermosamente sencillo! Ellos no demandaron una prueba previa del éxito o la victoria; simplemente creyeron que no fallarían porque Dios estaba con ellos. No es difícil creer; incluso un niño puede hacerlo.

Una madre y su pequeña hija de cuatro años se preparaban para irse a dormir. La niña tenía miedo a la oscuridad, y la madre, sola con la niña, se sentía también temerosa. Cuando apagaron la luz, la niña vio la luna desde la ventana. "Mamá", preguntó "¿es la luna la luz de Dios?". "Sí", dijo la madre. "La luz de Dios brilla siempre". La siguiente pregunta fue: "¿Apagará Dios esa luz para irse a dormir?", y la mamá respondió: "No, hija mía. Dios nunca se va a dormir". Entonces, con la sencillez de la fe de un niño, la pequeña dijo algo que reafirmó

la confianza de la temerosa madre: "Bien, entonces
mientras Dios esté despierto, yo no tengo miedo".[1]

No es de extrañar que Jesús dijera que debemos creer como
niños.

Dios ciertamente está con usted y conmigo, y porque lo está,
podemos hacer lo que tengamos que hacer en la vida. Podemos
confrontar el pasado y enfrentar el futuro con valentía. No tenemos en nosotros mismos lo que se necesita para ser victoriosos, pero tenemos a Dios y Él es siempre más que suficiente.
Haga un esfuerzo para mantener una alerta consciente de la
presencia de Dios. Diga en voz alta y varias veces al día: "Dios
está conmigo ahora mismo". Muchos de nuestros problemas
con el temor se deben a que no creemos de verdad que Dios
está con nosotros. Nos gustaría tener algún tipo de prueba de
que está con nosotros, pero Él nos reta simplemente a creer que
lo está. Él dijo que sin fe no podemos agradarle, y que quienes
se acercan a Él *deben creer que existe,* y que es quien recompensa a los que diligentemente le buscan (ver Hebreos 11:6).
No deberíamos recurrir a nuestros sentimientos o circunstancias para encontrar la prueba de que Dios existe, sino que debemos recurrir a las promesas en su Palabra.

Creemos con nuestro corazón, y mi corazón me dice que
Dios está conmigo. Decido creerlo…quiero creerlo. No quiero
vivir en temor, así que decido creer incluso sin tener sentimientos de que Dios ciertamente está conmigo. ¿Está usted dispuesto a hacer eso? El mundo demanda una señal antes de
creer, pero Dios solo se agrada con la fe. Sea un hombre o una
mujer de fe; crea con todo su corazón que Dios está con usted y
que nunca le dejará. Deje que las palabras "Dios está conmigo"
calen profundo en su conciencia hasta que se hagan tan reales
para usted que le llenen de energía para dejar atrás todos sus

temores. Medite en esas palabras, dígalas en voz alta, y deje que sean una parte vital de su conciencia en todo momento. Recuerde detener lo que esté haciendo varias veces al día y decir: "Dios está conmigo".

Cada vez que sienta temor, diga: "No temeré porque Dios está conmigo". Al hablar contra el temor, disipa su poder y lo vuelve ineficaz contra usted. Satanás es un depredador, y para un depredador el temor es una señal de debilidad. No le dé la satisfacción de pensar que tiene influencia alguna en usted. Cuando confronte el temor, descubrirá una fuerza que nunca pensó que tuviera.

Recientemente estaba viendo un programa de televisión sobre una familia que se trasladó a África para poner en funcionamiento una reserva de animales. La niña pequeña y su papá habían ido a dar un paseo, y ella se había separado de él. Inesperadamente, vio un león que se movía lentamente hacia ella. Cuando el padre la vio y se dio cuenta de lo que estaba ocurriendo, se acercó por detrás de ella despacio y le dijo una y otra vez: "Quédate quieta y no corras". Aunque tenía su arma cargada y lista en caso de que fuera necesario intervenir, el padre explicó a su hija que mientras el león no percibiera temor en ella, no la vería como una presa.

Si usted es confrontado por un enemigo o un obstáculo que está causándole miedo hoy, escuche atentamente. Esa voz que oye en su corazón es la voz de su Padre celestial que está a su lado y le dice: *Quédate quieto y no corras; no eres presa del enemigo. No temas, porque estoy contigo*.

Temor correcto e incorrecto

El temor del Señor es el principio del conocimiento [...].
Proverbios 1:7

Este libro está dedicado a entender y vencer temores incorrectos, pero es importante para nosotros detenernos un momento para darnos cuenta de que hay un temor correcto que deberíamos tener, y ese es el temor reverente de Dios.

> Si usted quiere correr, no corra alejándose de las situaciones, corra hacia ellas.

Esta clase de temor no es un temor atormentador que viene de una fuente maligna, y no es el temor al daño o al castigo; es un tipo de temor que es bueno y una bendición para nosotros. De hecho, si tenemos el apropiado temor de Dios, este eliminará la mayoría de los demás temores. Tener el temor de Dios no significa, por supuesto, que debamos tener miedo de Dios, sino que se refiere a un temor respetuoso y reverente que provoca que seamos inmediata y completamente obedientes a Él y a sus caminos.

El temor del Señor es el principio de todo verdadero conocimiento y sabiduría.

El temor del Señor es la base del verdadero conocimiento,
pero los necios desprecian la sabiduría y la disciplina.
Proverbios 1:7

En realidad, una persona no tiene conocimiento verdadero y valioso hasta que conoce a Dios profunda e íntimamente. Cuando le conoce de verdad, y lo maravilloso e increíble que es, tendrá un temor respetuoso y reverente de Él. Las personas pueden tener educación formal, pero eso no significa que tengan sabiduría y conocimiento beneficiosos para ellos. El temor de Dios lleva a una vida de descanso, paz, bendición y contentamiento.

> *El temor del Señor conduce a la vida; da un sueño tranquilo y evita los problemas.*
> Proverbios 19:23

Esto no significa que una persona tendrá una vida libre de problemas, pero sí significa que sin importar lo que ocurra, se convertirá en algo bueno si continúa respetando y adorando a Dios. La persona que tiene temor reverente, admiración y respeto por Dios puede esperar recibir ayuda divina cuando la necesite.

> *El ángel del Señor acampa en torno a los que le temen; a su lado está para librarlos.*
> Salmos 34:7

No es fácil explicar este tipo de temor correcto, y la mejor forma que sé para intentarlo es dar estos ejemplos:

Suponga que usted está en su trabajo en una habitación con amigos y están todos riéndose, bromeando y haciendo mucho ruido cuando entra su jefe. ¿Cuál sería su reacción? Si tiene respeto y temor reverente hacia él, guardaría silencio y le miraría para saber si tiene la aprobación o desaprobación de sus acciones. Sabe que él tiene la capacidad de promocionarle o quitarle el trabajo, y por eso usted le tiene un temor reverente. Esto es sabiduría, y no es nada malo en absoluto. Usted simplemente quiere agradar a su jefe porque no quiere perder su trabajo.

O también, como en otro ejemplo, imaginemos un gran grupo de periodistas esperando al presidente de los Estados Unidos que llega para una rueda de prensa. La sala está llena de conversación, pero en el momento en que presentan al presidente, todos se ponen de pie, y hay silencio absoluto o la sala entera irrumpe en un aplauso. Ni siquiera se les ocurriría ignorarle y continuar con su conversación mientras siguen sentados. ¿Por qué? Porque tienen un temor reverente hacia él. Él tiene mucha autoridad, y ellos quieren agradarle.

El pequeño temor reverente que la gente siente en situaciones como estas, es mínimo comparado con lo que deberíamos sentir al darnos cuenta de que vivimos en la presencia de Dios en todo momento. No estoy sugiriendo que debamos tener miedo a que Dios nos castigue por cada error que cometemos, o nos prive de su presencia si hacemos algo mal, pero deberíamos respetar a Dios sobre todo lo demás y buscar agradarle en todas las cosas. Vivir con temor reverente del Señor es más una actitud del corazón que otra cosa. Dios no es vindicativo ni está ansioso por quitarnos las bendiciones, pero nosotros ciertamente podemos estorbar el flujo de ellas si no respetamos a Dios lo suficiente como para creer lo que ha dicho en su Palabra sobre nuestro comportamiento. Cuando creemos lo que Dios dice y lo acompañamos de las correspondientes acciones, estamos mostrándole respeto, y esa clase de respeto se llama temor del Señor.

Sin temor reverente hacemos muchas tonterías, pensando que podemos hacerlas sin consecuencias. La Palabra de Dios nos enseña que Él nos disciplina por nuestro propio bien porque nos ama (véase Hebreos 12:5-6). Sé de una mujer que, aunque cree en Jesús y se considera cristiana, vive con su novio. Eso significa que regularmente ella está cometiendo adulterio. Me importa esta mujer y estoy orando por ella sinceramente porque se está haciendo daño a sí misma como también al corazón de Dios por sus acciones. Sé que Dios está tratando de captar su atención, pero de momento ella sólo pone excusas a su comportamiento: "Todo el mundo lo hace", "Dios lo entiende", "Tuve un mal matrimonio, y tengo miedo de meterme de nuevo en ese compromiso". ¡Nuestras excusas en realidad no nos excusan delante de Dios! Me preocupa que al final, si ella no escucha, necesitará algún castigo severo de Dios. Dios prefiere que escuchemos su Palabra, pero nos ama lo suficiente como para tocar nuestras circunstancias si tiene que hacerlo. Yo quería que mis hijos me obedecieran cuando se lo decía, pero si insistían en desobedecer, yo les quitaba sus privilegios. Si usted es padre o madre, le aseguro que hace lo mismo; por tanto, ¿por qué esperamos menos de Dios que es nuestro Padre?

Podemos eliminar la protección de Dios de nuestras vidas por desobedecer, pero el temor del Señor proporciona seguridad y un lugar de seguridad para nosotros (ver Proverbios 14:26). En otras palabras, seguir el consejo de Dios nos mantiene seguros y a salvo aún en tiempos tormentosos.

Según mi opinión, no hay suficiente enseñanza o material escrito sobre el temor de Dios, y creo que debe ser porque los maestros y escritores están intentando no poner un temor incorrecto en los corazones y las mentes de las personas. No quiero que las personas tengan miedo de Dios, pero sí deseo que tengan un temor reverente de Él. Sin ello, les resulta fácil desobedecer, y la desobediencia siempre nos lleva a una conciencia culpable, a la pérdida de comunión con Dios y a una puerta abierta para el enemigo. Si nos arrepentimos inmediatamente y recibimos el perdón de Dios cuando le desobedecemos, nada de esto ocurre. Sin embargo, si pensamos que podemos voluntariamente y conscientemente ignorar las instrucciones de Dios y aun así experimentar sus completas bendiciones, estamos equivocados.

Para ser sincera, tengo miedo reverente a desobedecer

conscientemente a Dios. Es un temor que nace del amor por Él. Le amamos, y por tanto, queremos agradarle en todas las cosas. No tengo miedo de perder mi salvación, o ni siquiera de que Dios se enoje conmigo, pero mi experiencia con Dios me ha enseñado que Él siempre tiene la razón en lo que dice. Por tanto, si Dios nos enseña a hacer o a no hacer algo, deberíamos suponer inmediatamente que Él tiene la razón y gozosamente actuar según Él nos ha ordenado. Una persona con temor reverencial de Dios ¡hace eso exactamente! Esto no significa que nunca cometa errores, pero se esfuerza en ser obediente a Él. Sabe que Dios es santo, justo y siempre correcto en todos sus caminos. Es imposible encontrar un solo error en Él.

> *Si Dios nos enseña a hacer o a no hacer algo, deberíamos suponer inmediatamente que Él tiene la razón y gozosamente actuar según Él nos ha ordenado.*

Como hijos obedientes, no se amolden a los malos deseos que tenían antes, cuando vivían en la ignorancia. Más bien, sean ustedes santos en todo lo que hagan, como también es santo quien los llamó.

1 Pedro 1:14-15

Es bueno sentirse cómodo en la presencia de Dios y creer que Él no sólo es un Padre amante y perdonador, sino también su amigo; sin embargo, esa visión de Dios, aunque es completamente correcta, puede causar problemas si no está también equilibrada con un temor de Él reverente y saludable. Como maestra de la Biblia, he observado lo emocionada que está la gente para escuchar del amor y la misericordia de Dios, y cómo disminuye esa emoción cuando hablo del temor reverente del Señor. Deberíamos sentirnos entusiasmados al escuchar de ambos, porque necesitamos los dos para mantener un caminar íntegro con Dios.

Ser un hijo de Dios victorioso, que tiene éxito en la vida, es bastante fácil una vez que tenemos este temor amoroso y reverente y decidimos obedecer inmediatamente a Dios. Considere esta escritura:

> *Ningún ojo ha visto, ningún oído ha escuchado, ninguna mente humana ha concebido lo que Dios ha preparado para quienes lo aman.*
>
> 1 Corintios 2:9

Me parece que Dios está buscando aquellos con un temor reverente para derramar sobre ellos bendiciones inimaginables porque Él sabe que son personas en las que puede confiar.

El temor reverente y el pecado

> *Quien teme al Señor aborrece lo malo; yo aborrezco el orgullo y la arrogancia, la mala conducta y el lenguaje perverso.*
>
> Proverbios 8:13

Esta escritura nos dice que el temor reverente del Señor provocará en nosotros el odiar la maldad y todas sus formas. ¿Odia la maldad y la perversidad? No sólo la de otros, ¿la suya también? Debería hacerlo, y yo también. No debemos odiarnos a nosotros mismos porque a veces hagamos cosas malas, pero sí deberíamos ser muy rápidos en arrepentirnos y deberíamos odiar el mal porque sabemos que a Dios le desagrada. De hecho, descubriremos que cuanto más odiemos el mal, menos lo cometeremos. Quizá nuestra actitud hacia el mal sea demasiado relajada y débil. No debemos aborrecer a las personas que hacen mal, pero deberíamos detestar las malas obras que hacen. Somos llamados por Dios a amar a los pecadores pero no a adoptar sus comportamientos. El apóstol Pablo anima a los efesios a vivir con cuidado, y creo que eso es un buen consejo. Debemos cuidar nuestros pensamientos, palabras, actitudes y acciones sabiendo que Dios es todopoderoso, que lo sabe todo, y que Él está en todo lugar todo el tiempo. Dios ve todo y nada le es oculto.

Dios es, sin duda, misericordioso, y somos constantemente perdonados por nuestros pecados y errores, pero eso no significa que debamos vivir relajadamente y descuidados, cediendo al mal a menudo. Si lo hacemos, entonces no tenemos el temor del Señor.

Consideremos la inmoralidad sexual como ejemplo. Está desbocada hoy día, y la Iglesia no ha estado exenta. Las estadísticas sobre las personas que regularmente ven pornografía son impactantes. La fornicación y el adulterio se han hecho común, y tristemente a menudo se aceptan por la mayoría de la sociedad como un "estilo de vida más moderno".

Grandes porciones de los Proverbios están dedicadas a decir a las personas cuáles serán las consecuencias de la inmoralidad sexual, pero ellas continúan dejando que sus pasiones les gobiernen en lugar de tener el temor del Señor. Me preocupa profundamente y oro a diario para que aquellos de nosotros que conocemos la Palabra de Dios no comprometamos nuestros valores, sino que seamos un buen ejemplo para que otros lo sigan.

He visto tristeza y agonía indecibles en las vidas de personas simplemente porque miembros de su familia se vieron envueltos en inmoralidad sexual. Recientemente conocí a una mujer que me detuvo en la calle porque me reconoció de mi programa de televisión. Era una de las personas más desgraciadas que he conocido en mucho tiempo. Me dijo que su esposo era ministro y que ella había descubierto que él había estado teniendo aventuras con otras mujeres durante muchos años. Él continuaba en el ministerio y vivía una vida totalmente engañosa.

Ella tenía tal amargura que también comenzó a tener aventuras y en ese momento estaba con otro hombre. Me pidió consejo, y cuando le dije que se arrepintiera y saliera de las relaciones inmorales, me dijo que sabía que estaba terriblemente mal, ¡pero que no creía que quería dejarlo! Oré con ella para que decidiera hacer lo correcto, ¡pero admitiré que me fui muy sorprendida! Ella sabía lo que le estaba haciendo desgraciada. Sabía que era su amargura, falta de perdón y su propio comportamiento inmoral, y aún así, ¿no estaba dispuesta a dejarlo? Pareciera que ni ella ni su esposo en ese momento tenían un verdadero temor del Señor. Cometer un error es una cosa, pero vivir en pecado a propósito y pensar que eso no es un problema ¡es otra cosa completamente diferente!

Hablamos a menudo de la gracia de Dios, del perdón y de la misericordia, ¡y son maravillosos! Pero deberían hacernos amar a Dios más todavía y deberían impulsarnos a vivir vidas mejores, no vidas de comportamiento indisciplinado e impío. Creo que un apropiado temor de Dios prevendría mucho pecado. Y en mi opinión personal, necesitamos más enseñanza sobre esta materia. Cualquier tema de la Palabra de Dios que se ignora en el púlpito, normalmente es ignorado en las vidas de la gente.

> —No tengan miedo—les respondió Moisés—. Dios ha venido a ponerlos a prueba, para que sientan temor de él y no pequen.
>
> Éxodo 20:20

En esta escritura vemos la palabra "temor" usada dos veces de dos maneras diferentes. Moisés le dice al pueblo que no tengan el temor incorrecto, pero también les insta a tener un temor reverente del Señor. También declara que la clase correcta de temor evitará que pequen.

Respeto y honor

La iglesia primitiva sobre la que leemos en el libro de Hechos experimentaba milagros increíbles de forma regular. El poder de Dios se movía entre ellos de una forma sin precedente, pero la iglesia también estaba llena de respeto, honor y sumisión, no sólo a la autoridad de Dios, sino también los unos a los otros.

> *Un profundo temor reverente vino sobre todos ellos, y los apóstoles realizaban muchas señales milagrosas y maravillas [...].*
>
> Hechos 2:43 (NTV)

La gente a menudo pregunta: "¿Dónde están hoy los milagros que existían en la iglesia primitiva?". Quizá debiéramos preguntar: "¿Dónde está el temor reverente del Señor que existía en la iglesia primitiva?". Los milagros y el temor reverente del Señor van de la mano; no tendremos una cosa sin la otra.

Los medios de comunicación a menudo hacen burla de Dios hoy día, y son irrespetuosos hacia Él, aún hasta el punto de tener la audacia de sugerir que Él sea dejado a un lado para que quienes deciden no creer en Él ¡no se sientan incómodos! Nuestra sociedad se ha vuelto totalmente ridícula. Los resultados de tener tal actitud son evidentes en el mundo en que vivimos. Veríamos un derramamiento de las bendiciones y el poder de Dios en el mundo si viéramos también un regreso al respeto, al honor y a la sumisión a Él. El temor del Señor es una cosa hermosa y sabia, y aunque hay muchos temores que queremos evitar y resistir, el temor reverente de Dios debería ser recibido y buscado ardientemente.

CAPÍTULO 3

La fuente del temor

Pues Dios no nos ha dado un espíritu de timidez, sino de poder, de amor y de dominio propio.

2 Timoteo 1:7

Podemos ver rápidamente en esta escritura que Dios no es la fuente del temor. Aunque la gente no suele disfrutar el escuchar o aprender sobre Satanás, es imposible localizar la fuente del temor sin hablar de él, porque es la fuente de todo temor incorrecto. Tenemos un enemigo que está continuamente al acecho, buscando oportunidades para matar, robar y destruir (véase Juan 10:10). Se espera de nosotros que le resistamos.

Así que sométanse a Dios. Resistan al diablo, y él huirá de ustedes.

Santiago 4:7

Todas las obras de Satanás están hechas bajo la tapadera del engaño, a menudo haciendo difícil detectar su trabajo. Incluso a veces se camufla a sí mismo como ángel de luz. Satanás está incluso dispuesto a citarnos las Escrituras, pero siempre las usará en el contexto equivocado cuando lo haga.

Por ejemplo, si el diablo está tratando de llevarnos a hacer algo necio e insensato, podríamos oír en nuestros pensamientos: *"Ten fe en Dios"*. Sin embargo, el creyente sabio y bien informado sabe la diferencia entre fe real y necedad y presunción. Cuando salimos en fe a hacer algo que quizá nos asusta, debemos asegurarnos de que es la Palabra de Dios en lo que estamos caminando y nada más. Pedro salió de la barca e intentó caminar sobre el agua, pero él recibió una palabra concreta de Dios para hacerlo. Estoy segura de que sintió peligro y preocupación (temor saludable), pero a la voz de Dios estuvo dispuesto a "hacerlo aunque sea con miedo". Eso es completamente diferente a lo que sería que yo saltara de un trampolín al extremo profundo de una piscina cuando soy una nadadora mediocre y me diera mucho miedo hacerlo. Si pensara: *Ten fe en Dios y salta*, podría estar segura de que es Satanás que trata de ahogarme.

Aquí debemos aprender la diferencia entre un temor santo y saludable y un temor atormentador y contraproducente. Dios nos dará sabiduría y cautela santa, y deberían estar apegadas a nosotros, pero Satanás nos dará temor atormentador que nos impida avanzar en obediencia a Dios y hacer su voluntad.

Cada creyente tiene autoridad sobre Satanás

Necesitamos reconocer y aceptar que tenemos un enemigo que busca destruirnos y atormentarnos, pero no tenemos que tenerle miedo. La verdad es que como creyentes en Jesucristo tenemos autoridad sobre él, y lo único que tenemos que hacer es aprender a ejercerla.

> *Sí, les he dado autoridad a ustedes para pisotear serpientes y escorpiones y vencer todo el poder del enemigo; nada les podrá hacer daño.*
>
> Lucas 10:19

Satanás tiene poder, sin duda, pero no tiene autoridad alguna para usarla en contra de los hijos de Dios a menos que ellos se lo permitan. Él puede venir contra nosotros, pero finalmente no tendrá éxito en ejecutar sus malvados planes si le resistimos, mientras tengamos una íntima relación con Dios. De hecho, Jesús ya le derrotó cuando murió en la cruz. El propósito por el cual Cristo vino fue para destruir las obras del diablo (véase 1 Juan 3:8). Jesús venció, así que ¿cómo puede Satanás causar problemas todavía si ha sido derrotado? Jesús destruyó el derecho de Satanás a hacer su obra malvada, pero es nuestra responsabilidad usar la autoridad que Dios nos dio y mantenerle en su lugar.

> *Jesús destruyó el derecho de Satanás a hacer su obra malvada, pero es nuestra responsabilidad usar la autoridad que Dios nos dio y mantenerle en su lugar.*

Tenemos armas espirituales para usar contra Satanás, pero no tienen valor a menos que las utilicemos. El nombre de Jesús y la autoridad que conlleva nos han sido dados, así como la Palabra de Dios, a la que se hace referencia como la espada del Espíritu (véase Efesios 6:17). Podemos y debemos usar ambas en oración y confesión. También tenemos la cruz de Jesucristo y su sangre derramada como armas poderosas. Deberíamos recordarlas cuando estemos bajo ataque, y recordar que aún la sola mención de ellas hace retroceder al enemigo.

No se vea a usted mismo como una víctima indefensa, sino como un hijo o hija de Dios con poder y autoridad que no viaja solo o sola por la vida, sino con Jesús, quien es Él mismo un guerrero poderoso y el Capitán de las huestes del ejército de ángeles de Dios.

Somos instruidos en la Palabra de Dios a no darle lugar al diablo (véase Efesios 4:27). Podemos hacer esto de varias maneras, pero podemos también evitar darle lugar obedeciendo la Palabra de Dios. No tenemos que vivir en temor a Satanás porque él es un rival derrotado; lo único que debemos hacer es recordar esto y ser más agresivos contra él de lo que él es contra nosotros.

La obra de Satanás en la mente humana

Una de las tácticas que debemos identificar para poder resistir y vencerle es su obra maligna en la mente humana.

> *Porque las armas de nuestra contienda no son carnales, sino poderosas en Dios para la destrucción de fortalezas; destruyendo especulaciones y todo razonamiento altivo que se levanta contra el conocimiento de Dios, y poniendo todo pensamiento en cautiverio a la obediencia de Cristo.*
>
> 2 Corintios 10:4-5 (LBLA)

Satanás desea controlar los pensamientos del hombre porque él sabe bien que los pensamientos del hombre determinan sus acciones. Él inyecta pensamientos en la mente del hombre esperando que él los acepte como suyos propios y actúe de acuerdo a ellos. Nuestra meta debería ser conocer lo suficientemente bien la Palabra de Dios como para rechazar inmediatamente todos los pensamientos que no están en consonancia con Dios y reemplazarlos por nuestros propios pensamientos escogidos de la Palabra de Dios.

Los pensamientos de temor están entre los favoritos que él usa para intentar engañar y reducir a los hijos de Dios. Dios tiene planeada una vida grande, libre y plena para nosotros, pero Satanás busca reducirnos de todas las maneras posibles. Es un ladrón y un mentiroso.

Deberíamos investigar inmediatamente el origen de todo pensamiento, especulación o argumento que causa que retrocedamos o seamos reducidos. El temor siempre nos roba. Nos atormenta, evitando el progreso y el crecimiento en nuestras vidas. Definitivamente, Dios no es la fuente de ningún pensamiento o argumento tal, ¡Satanás lo es!

Si mantuviésemos nuestra mente fijada en cosas positivas

y no la dejásemos ser pasiva ni ociosa, Satanás no tendría ninguna oportunidad. Podemos pensar nuestros propios pensamientos en lugar de meramente esperar a ver qué pensamientos son forzados en nosotros. Aprenda a reconocer pensamientos que son impuros, difamatorios, de división y también temerosos, y rechácelos inmediatamente. He escuchado que se dice que no podemos evitar que un pájaro vuele sobre nuestra cabeza, pero ciertamente sí podemos rehusar que haga un nido encima de ella. Podríamos decir lo mismo del deseo de Satanás de controlar nuestros pensamientos. No podemos evitar que él intente usar nuestras mentes para sus obras de maldad, pero sí podemos evitar que tenga éxito.

Aquí hay una lista parcial de pensamientos basados en el temor que deberíamos resistir:

Si intentas hacer eso, fracasarás.
Eso no va a funcionar, así que ni lo intentes.
¿Qué pensará la gente de ti si haces eso?
Mejor ve a lo seguro. Es mejor estar seguro que lamentarlo.
Ni siquiera lo intentes porque será demasiado esfuerzo.
Esto va a ser demasiado complicado.
Nadie ha hecho esto antes, así que ¿qué te hace pensar que
    tú podrás?
Vas a terminar en soledad.
Nadie te quiere.
Nunca tendrás suficiente dinero.

…y la lista podría seguir y seguir. Pero afortunadamente podemos educarnos a nosotros mismos con respecto a la naturaleza, propósito y voluntad de Dios para nuestras vidas, y podemos resistir al diablo porque él no tiene autoridad sobre nosotros excepto la que le demos a través del engaño o la pasividad.

La obra de Satanás en el cuerpo del hombre

Muchos creyentes tienen cantidades importantes de dolor, enfermedad y debilidad en sus cuerpos físicos que les impiden hacer las cosas que quieren hacer.

Muchas enfermedades son sin duda dolencias físicas reales que necesitan atención médica, pero algunas son síntomas mentirosos que Satanás nos presenta con la esperanza de que los tomaremos como nuestros. Esta clase de enfermedad desaparecerá si la resistimos inmediatamente.

Ahora mismo muchas personas tienen resfriados. Hace algunos días era avanzada la tarde y me dolía la garganta. El pensamiento vino a mí: "¡Oh no, me estoy poniendo enferma y estoy apunto de viajar, y seguramente estaré enferma el resto del viaje!". Afortunadamente, tengo algo de experiencia con las tácticas de Satanás, así que inmediatamente oré por sanidad y después confesé en voz alta que resistía los síntomas de la enfermedad y que creía que el poder sanador de Dios estaba obrando en mí. ¡No me enfermé! La Biblia nos enseña a resistir al diablo al inicio porque él merodea como un león, rugiendo con hambre feroz, buscando a quien devorar (1 Pedro 5:8-9). Cuando sienta síntomas de enfermedad, ore y resístalos inmediatamente. Ni siquiera espere para ver qué ocurre o qué enfermedad pueda estar agarrando o viniendo antes de orar.

Admito también que ha habido otras veces en que he tenido síntomas y he hecho lo mismo, y de verdad sí he enfermado. En esas ocasiones no estaba tratando un síntoma mentiroso de Satanás, sino una enfermedad real que necesitaba atención. Yo le sugiero que no acepte ninguna enfermedad sin cuestionar su validez. Satanás nos dará cualquier cosa que estemos dispuestos a aceptar, pero es increíble cuánta desgracia podemos evitar por el simple hecho de resistir. Aún si continúa enfermo después de resistir, le recomiendo que siga orando y no coopere en ninguna manera con la enfermedad. Incluso cuando tome medicinas, ore que Dios las haga funcionar en su cuerpo de manera que tenga una rápida recuperación.

Satanás nos atacará con cansancio y luego pondrá pensamientos en nuestra mente de que no seremos capaces de terminar la tarea que tenemos entre manos. Muchas veces me he sentido así, y me he detenido y sencillamente le he pedido a Dios que me diese fuerza, y mi energía regresó al continuar con el proyecto. Quizá mi energía no regresó inmediatamente, pero al continuar en fe, sin duda fui renovada. ¡No se rinda sin pelear! Tome su lugar, resista al diablo y él huirá.

A causa de mis extensos viajes y trabajo para el Señor, mantener una buena salud y altos niveles de energía es una prioridad importante para mí. Uso la sabiduría para comer alimentos saludables, obtener adecuado descanso y sueño y hacer ejercicio de manera regular. Confío en Dios para mantenerme fuerte para hacer su trabajo. Ha habido bastantes ocasiones a lo largo de los años en que me he sentido tan mal que seriamente me he preguntado si sería capaz de subirme al púlpito y dar el mensaje. Pensamientos de debilidad, derrota y fracaso golpeaban mi mente, pero todavía está por ver que Dios haya fallado en darme fuerza cuando tuve que hablar. Podía haber permitido que los síntomas gobernasen, pero llegaba a la conclusión de que si Dios me había enviado, entonces con seguridad Él quería que yo terminase lo que había comenzado. Básicamente continué poniendo un pie detrás del otro y, al hacer eso, muchas veces he experimentado que los síntomas se iban. Lo que quiero decir es que simplemente no dejé que los síntomas me gobernasen sin al menos hacer un esfuerzo en el Espíritu Santo para resistirlos y vencerlos.

Las personas tímidas y temerosas son fácilmente derrotadas

incluso por síntomas físicos leves, pero la gente valiente y osada confrontará y combatirá todo lo posible.

La obra de Satanás en la conciencia

Satanás ataca la conciencia con el temor de que hemos pecado y Dios está disgustado con nosotros o incluso enojado. Aunque nuestra conciencia está diseñada para aprobar o desaprobar nuestras acciones, y nos hace saber cuando hemos hecho algo mal, no nos enseña a través del temor. El Espíritu Santo nos guiará a toda verdad y nos hará conscientes de nuestras malas acciones para que nos arrepintamos y comencemos de nuevo, pero Él jamás nos hundirá con una carga de temor referente a nuestros actos. Satanás, sin embargo, nos presionará, nos amenazará y presentará a nuestra mente, emociones y conciencia muchos pensamientos sobre nuestro pecado.

Dios ha solucionado el problema del pecado, y lo que cualquier creyente necesita hacer al darse cuenta de su pecado es arrepentirse, soltar lo que queda atrás y avanzar hacia el futuro en fe.

El temor al pecado nos mantendrá en comportamiento pecaminoso, mientras que enfocarnos en Jesús nos sacará de ello. Jesús no nos salvó para que permanezcamos atados al temor

> *El temor al pecado nos mantendrá en comportamiento pecaminoso, mientras que enfocarnos en Jesús nos sacará de ello.*

(Romanos 8:15). Para ser sincera, el pecado no es un problema para Dios porque Él ya ha provisto la respuesta en Jesucristo. El pecado sólo se convierte en un problema cuando permitimos que nos gobierne, o cuando nos seguimos sintiendo culpables y temerosos en lugar de recibir el regalo gratuito del perdón de Dios. Lo que nos separa de Dios no es el pecado del que nos hemos arrepentido, sino una conciencia culpable. Satanás sabe esto y trabaja muy duro para hacernos sentir miedo de que hemos pecado más veces de las que Dios está dispuesto a perdonarnos. En verdad, usted puede acudir atrevidamente al trono de Dios y recibir la gracia que necesita para restaurarle en cualquier momento y tantas veces como necesite.

> En él, mediante la fe, disfrutamos de libertad y confianza para acercarnos a Dios.
>
> Efesios 3:12

La obra de Satanás con el propósito del tormento

Muchos de los temores y las fobias que las personas experimentan son diseñados con el único objetivo de atormentar a la gente. Satanás está dedicado a hacer a las personas desgraciadas, y llenarles de temor es una de las mejores formas de hacerlo. El temor es un sentimiento que enferma, debilita y derrota. Franklin Roosevelt dijo que la única cosa a la que debemos temer es al temor mismo, y estoy totalmente de acuerdo. Una vez que dejamos que el temor eche sus raíces en nuestros pensamientos, emociones, conciencia y acciones, podemos estar seguros de que tendremos tormento.

Todo ser humano quiere ser libre. Queremos intentar cosas nuevas y tenemos un deseo de aventura. Somos creados por Dios para tener metas y alcanzarlas, y para soñar con mayores y mejores cosas que las que tenemos. El temor nos deja paralizados en el sitio, incapaces de hacer mucho de casi nada excepto estar ociosos y solos con nuestro tormento.

Por favor, tenga por seguro que Jesús murió no sólo para el perdón de sus pecados, sino también para asegurarse de que usted disfrutara de una vida poderosa y fructífera. Tenga la determinación de recibir todo por lo que Él murió para que usted lo recibiera.

Hablaremos de las fobias más adelante en el libro, y le resultará sorprendente la lista de ellas. Muchas de ellas no tienen sentido en absoluto, y usted pensará: "¿Por qué tendría alguien miedo a eso?". Las personas con fobias de todo tipo normalmente o viven con ella, o continuamente intentan tratar el problema sin llegar nunca a la raíz, que es Satanás. Si esas personas tan sólo supieran resistir al diablo, podrían experimentar libertad.

El propósito de Satanás es meramente atormentarles y mantenerles tan ocupados luchando con sus síntomas, que no tengan tiempo ni energía para sencillamente vivir la vida y disfrutarla.

Satanás quiere nuestro gozo porque es nuestra fuerza (véase Nehemías 8:10). Él ataca con temor para robar el gozo que Jesús ha provisto para nosotros. También usa la misma táctica para robar nuestra paz. El temor nos deja preocupados y ansiosos, e incluso puede provocar enfermedad si se le permite permanecer durante largos periodos de tiempo. La mayoría de la gente temerosa es también gente enfermiza. Tienen muchas dolencias como estómagos débiles, espaldas débiles, determinación débil y mentes débiles. Se entristecen fácilmente en lo emocional y disfrutan de muy pocos días emocionalmente estables.

Tanto si usted ha sido una persona temerosa como si no, tengo esperanza de que haciéndole identificar cómo Satanás trabaja, le dará fuerza para resistirle como nunca antes. La Palabra de Dios nos enseña a "velar y orar", y es un buen consejo. Vigile sus pensamientos, preste atención a lo que sus emociones hacen, cómo se siente y qué decisiones está tomando. Si está sintiendo el comienzo de algo que parece lo más mínimamente impío o que le reducirá en cualquier manera, ore inmediatamente y resista en el poder de Dios.

El temor no es de Dios sino de Satanás, y está diseñado para detener, reducir y atormentar. A menudo digo: "El temor es el espíritu maestro que Satanás usa para hacer su trabajo sucio". Tenga cuidado con el temor y enfréntelo con valentía y confianza en Dios.

No deje que el temor le haga ineficaz

Todos nosotros tenemos un deseo profundo de ser necesitados, útiles y productivos, y de tener un buen efecto en las vidas de otras personas y en el mundo en que vivimos. Este es un buen deseo y debería ser perseguido a través de la fe. Satanás, por supuesto, quiere hacernos ineficaces, y puede tener éxito si cedemos al espíritu de temor. Muchas veces no compartimos nuestra fe con otros a causa del temor. Otras veces no participamos en algo a causa del temor a ser rechazados o a fracasar. El temor nos detiene pero la fe nos urge a avanzar. La fe dice: "Adelante, inténtalo", pero el temor dice: "No lo intentes porque harás el ridículo".

Sentiremos temor, pero podemos pisarlo y dejarlo en el suelo mientras avanzamos en Dios. El salmista David admitió que sintió temor y dijo:

"Cuando siento miedo, pongo en ti mi confianza".

Salmos 56:3

Puede estar seguro de que el temor se le presentará al comienzo de cualquier cosa que intente hacer que vaya a beneficiarle a usted o a alguien más. Al menos lo hará hasta que usted esté tan bien entrenado en el caminar por fe que esas amenazas de temor sólo suenen como un débil ruido de fondo. Puedo decir sinceramente que no me detiene mucho el temor en este punto de mi caminar con Dios, pero tengo que estar siempre preparada para confrontarlo. La gente me pregunta si siento temor cuando me pongo delante de un auditorio lleno de personas para hablar, y puedo decir con sinceridad que no, pero sí hubo un tiempo en que lo tenía.

Hubo un momento en que tuve que decidir entre dejar que gobernara el temor o gobernarle a él. No deje que el temor le haga ineficaz. Si lo hace, vivirá con muchos lamentos sobre las cosas que desearía haber hecho pero nunca hizo. La única forma de evitar el lamento es actuar cuando una oportunidad se presenta. Es mejor haberlo intentado y fracasar que no haberlo intentado en absoluto.

No acepte la mentira de que usted sencillamente es una persona tímida o que su personalidad o su manera de ser es "temerosa". Algunas personas quizá son más atrevidas naturalmente que otras, pero todo el mundo puede ser eficaz y hacer cosas increíbles en su vida si caminan en fe y siguen a Dios. Estar seguros de que Satanás es el origen del temor nos ayuda a resistirlo. Si nos creemos que simplemente es nuestra forma de ser, entonces lo aceptaremos y nos hundiremos en un nivel de vida inferior que no es la voluntad de Dios. Una agresividad correcta es la clave para la eficacia. Ni siquiera podemos ser eficaces en la conquista de nuestras tareas diarias si no las atacamos con una actitud agresiva.

Apóyese en Dios siempre y dependa de su gracia (favor inmerecido) para hacerle victorioso en su lucha contra el temor. ¡Dios es su libertador! Sepa que Dios le ama, que está a su favor y que siempre está con usted, ¡y entonces avance hacia delante y no mire hacia atrás!

CAPÍTULO 4

Fobias

El temor hace al lobo mayor de lo que es.

Proverbio alemán

Las fobias o miedos son el desafortunado resultado del temor: un terror exagerado que priva al individuo de una vida normal. Estos temores extremos varían desde lo normal a lo absurdo, obsesionando a millones de personas al mantenerlos en esa atadura irracional. Se podría decir que una fobia es un temor con esteroides.

Esta sección del libro debería ayudarnos a entender la medida en que Satanás actuará con el objetivo de destruir la calidad de vida que Dios quiere que disfrutemos. Las fobias son destructores vitales. Pero recordemos que aún el temor más grande no es un rival para nuestro Dios. El temor mayor y más fuerte debe acobardarse ante el nombre de Jesús. Una fobia intensa pudiera parecer como un diluvio desbordante de emociones para la persona atormentada por ella, que viene en su contra y que no puede controlar. Pero hay una respuesta.

Porque vendrá el enemigo como río, mas el Espíritu de Jehová levantará bandera contra él.

Isaías 59:19

Cuando una persona es atacada con temor o miedos de cualquier clase, no necesita intentar pelear la batalla por sí sola.

Puede poner su fe en Dios y confiar en que Él le dará la victoria. El enemigo puede venir contra nosotros por un camino, pero la Palabra de Dios dice que huirá de delante de nosotros por siete caminos (véase Deuteronomio 28:7). A pesar de cuáles sean sus batallas en la vida, le insto a que nunca intente luchar usted solo. Dios peleará por usted si se lo pide.

Las definiciones de fobia son numerosas. El *Diccionario Webster Merriam* dice que son un temor exagerado, habitualmente inexplicable e ilógico a un objeto determinado, una clase de objetos o una situación.

La Clínica Mayo define las fobias como un temor abrumador e irracional a un objeto o situación que supone poco peligro real.[1]

A diferencia de una breve ansiedad que la mayoría de las personas sienten cuando dan un discurso o toman un examen, una fobia es más duradera, causa intensas reacciones físicas y psicológicas, y puede afectar a la habilidad de funcionar normalmente en el trabajo o en ambientes sociales.

Aunque las definiciones son muchas, varían poco. La mayoría dicen que las fobias y el comportamiento que causan son una respuesta anormal de temor a un peligro que es imaginario o irracionalmente exagerado.

¿Cuántas fobias hay?

La lista de fobias es infinita porque siempre está aumentando. Hay fobias que las personas tratan hoy día que eran desconocidas hace veinticinco años o aún hace sólo unos años. Debemos entender que Satanás es muy creativo en sus métodos de tormento. Una vez que una fobia es hecha pública, entonces oímos de más y más gente atormentada por el mismo problema. Cosas de las que nunca habíamos oído hablar, ahora están muy extendidas. Hay una fobia para cada situación que pueda imaginar. Hay cientos de fobias enumeradas en la Internet. Las investigaciones en línea más recientes nos informan de más de 500.

Las diez fobias más comunes[2]:

1. A la gente

   (Un cuarto de la población comunica excesivos temores en al menos una situación social, siendo el miedo a hablar en público lo primero en la lista).
2. A los animales
3. A las alturas

   (Más del 20% de los adultos comunican haber tenido un miedo irracional a las alturas).
4. Agorafobia

   (Típicamente supone un temor a los lugares públicos, espacios abiertos o a viajar. Cuando es severo, las personas pueden confinarse a su hogar, literalmente atrapados por el temor).
5. Claustrofobia
6. A volar
7. A la sangre/heridas/infecciones
8. Al agua/ahogamiento
9. A las tormentas (truenos y relámpagos)
10. A estar en una multitud

Diez fobias especialmente peculiares[3]:

1. Temor a las verduras
2. Temor a la ropa ajustada
3. Temor a los botones
4. Temor a los payasos
5. Temor a las rodillas
6. Temor a las mariposas
7. Temor a las flautas

8. Temor a perder la cobertura del teléfono móvil

9. Temor a un lugar específico

10. Temor a las fobias

Aquí están algunas otras de las que he oído a través fuentes diversas: temor a las mujeres hermosas, temor a ser tocado, temor a las corrientes de aire o enfermedades que se transmiten por el aire y que provoca que la gente lleve mascarillas en público, temor a ver el propio reflejo en un cristal, temor al estreñimiento, a la luna, a la luz del sol, a los pájaros u otros objetos voladores, temor a sentarse y, por supuesto, hay temores a todos los animales que uno sea capaz de imaginar. Cuantas más listas de estas leo, más me enojo contra Satanás, quien es el origen de todo temor, y más decidida estoy a ver a las personas encontrar libertad.

Me gustaría decir claramente que yo no pretendo tener las respuestas médicas o clínicas para problemas tales como esta fobias presentan, pero sé algunas cosas espirituales que creo que ayudarán. No soy psicóloga ni psiquiatra, pero conozco la Palabra de Dios y tengo décadas de experiencia en verla hacer libre a las personas. Muchas veces he sido testigo de cómo la Palabra y el poder de Dios liberan a personas de adicciones y fobias, personas que habían estado muchos años en consejería y en varios programas de tratamiento sin resultados. Ofreceré la ayuda que creo que estoy calificada para dar, y si usted necesitara de otra ayuda, por favor búsquela. Y por encima de todo, por favor, no se dé por vencido, porque Dios puede y desea ayudarle. La esperanza es una de las fuerzas más poderosas en la tierra. Mientras usted tenga esperanza, la puerta está abierta al cambio.

> *La esperanza es una de las fuerzas más poderosas en la tierra. Mientras usted tenga esperanza, la puerta está abierta al cambio.*

Arranque la maleza antes de que eche raíces

Cuando se planta una semilla, tarda un tiempo antes de que tenga raíces largas y fuertes. Si la semilla se desenterrase y se desechase antes de que tenga la oportunidad de echar raíz, no produciría nunca fruto. Hay buenas y malas semillas, cosas que quisiéramos que enraizaran en nuestras vidas y cosas que no quisiéramos que echasen raíces. Cuando experimentamos un pensamiento, emoción, comportamiento, o en este caso un temor que no queremos que se convierta en un elemento permanente, lo mejor es resistir en sus inicios. Sea agresivo al confrontarlo y sea firme en su decisión de no ceder ante él. Siempre recuerde que cuanto más tiempo deje que algo permanezca, más tiempo llevará librarse de ello.

Si alguien me hace enojar y yo trato mi enojo inmediatamente, negándome a que permanezca, habitualmente soy capaz de seguir delante de inmediato; sin embargo, si me aferro a ello durante algunos días, entonces descubro que tengo una mayor lucha entre manos cuando lo quiero dejar ir.

Esta teoría de resistir en el inicio sólo será útil cuando se presenten nuevos temores. Estoy segura de que muchos de ustedes tienen algunos que están ya profundamente arraigados en su vida, pero los nuevos siempre están intentando conseguir entrada. Esté alerta y resístalos en el inicio. Incluso si tiene que resistirlos varias veces, hágalo. Nunca se someta sin más al temor sin luchar. Pero cuando pelee contra el temor, siempre recuerde pelear en el poder de Dios y no en sus propias fuerzas.

Sea razonable

Ya que las fobias se definen como temores "irracionales", puede parecer extraño que yo sugiera que las examinemos con razón y lógica, pero creo que esto debe hacerse como parte del proceso de libertad. Con la ayuda de Dios podemos intentar ser razonables sobre un temor irracional. Por ejemplo: una vez oí de una mujer que había batallado con el sobrepeso la mayor parte de su vida. Finalmente tuvo un hijo, y tenía tanto miedo a que el niño creciera con sobrepeso, que comenzó a ejercitar las pequeñas piernas y brazos del bebé a diario cuando aún estaba en la cuna. Un poco de sentido común le habría enseñado que ejercitar los miembros de un bebé no afectaría en nada al peso del niño más adelante en su vida.

Algunos temores incapacitantes son resultado de experiencias traumáticas que ocurrieron en la vida de una persona. La tendencia natural es a temer que eso ocurrirá otra vez, así que levantamos todos nuestros mecanismos de defensa para no tener que experimentar eso de nuevo. Lo que fuere que ocurrió causó dolor, pero el temor a que pueda ocurrir otra vez mantiene el dolor fresco en nuestras mentes. En realidad, estadísticamente hablando, si algo le ocurre a una persona una vez, como por ejemplo que roban en su casa, entonces es menos probable que vuelva a ocurrir otra vez. Sé que esto es mera lógica y que probablemente no calma las emociones de nadie, pero es verdad, y darse cuenta de eso puede ayudar de alguna manera. Podemos pensar que nos estamos protegiendo a nosotros mismos de la recurrencia de algo desagradable a través del temor, pero sólo conseguimos atormentarnos a nosotros mismos. Y la verdad es que temer no nos protegerá de que vuelva a ocurrir de todos modos. ¡Estaríamos mejor usando nuestra energía para orar y confiar en Dios!

El apóstol Pablo escribió que la mente puesta en la carne es sentido y razón sin el Espíritu Santo (véase Romanos 8:6). Somos llamados a vivir una vida de fe, y eso a menudo no tiene nada que ver con la lógica. Dios nos guía desde nuestro espíritu, no desde nuestra cabeza. La persona que confía demasiado en su intelecto encuentra muy difícil creer y tener una relación íntima con Dios. Aunque los sentidos y la razón sin el Espíritu Santo no son una buena idea, creo que el sentido y la razón (sentido común) *con* el Espíritu Santo son una muy buena idea. Al orar por las cosas de nuestras vidas por las que necesitamos respuestas, Dios nos guiará a través de su Espíritu Santo. A menudo Él revela cosas muy prácticas y sencillas que podemos hacer para ayudarnos en nuestra situación. Son cosas de sentido común que son muy lógicas, y deberíamos seguir su consejo.

Un día, estaba yo de compras y adquirí un pequeño tarro de crema para el cuidado de mis ojos. Cuando estaba pagando, la dependienta preguntó si sabía que podía comprar un segundo tarro con el 50% de descuento. No lo sabía, y decidí que era una buena oferta. Entonces le pregunté si todos los productos de esa marca se vendían con el mismo descuento. Ella dijo que sí, e inmediatamente (y debo añadir, emocionalmente) volví a los artículos y empecé a escoger pares de varias cosas. Después me tomé un minuto y lo pensé bien. Me pregunté: "¿Necesito realmente estas cosas? ¿Qué productos parecidos tengo ya en casa?". Entonces se me ocurrió que otras cosas estarían de oferta en otro momento, y que no necesitaba gastar dinero sólo por pensar que lo estaba ahorrando. Hice mi compra inicial y me fui. En esa ocasión fui razonable y lógica (creo que con la guía de Dios), y fue bueno.

Ir de compras es bastante diferente a una fobia atormentadora, pero el principio es el mismo. He aprendido que los principios de Dios pueden ser aplicados donde los necesitemos. La próxima vez que identifique un temor de cualquier clase tentándole, pruebe a hablarse a usted mismo un poquito sobre ello y mírelo de forma razonable y lógica. Normalmente cuando las emociones emergen, toda la lógica desaparece, pero no tiene por qué ser así.

Recuerdo un día hace 46 años en el que pasé la tarde sentada encima de la mesa de la cocina esperando a que mi esposo llegara a casa, porque yo había capturado un ratón en el baño ¡y tenía miedo de que se escapara! Puedo decirle que aquel día no hubo lógica en absoluto. Si lo hubiera pensado razonadamente, me podría haber dado cuenta de que el ratón (que era una cría) no tenía forma o deseo de herirme en primer lugar. Incluso si lo veía de nuevo, ¿cómo podría herirme en realidad? No tenía manos para alcanzar el pomo de la puerta del cuarto de baño y escapar, pero me senté en la mesa (estaba embarazada de ocho meses) y esperé a que Dave llegara a casa. Miles de mujeres tienen terror a los ratones, pero estas criaturas no tienen en realidad capacidad de hacernos daño.

Cuando Dave llegó a casa, desató la puerta del baño (sí, yo la había atado a otra puerta con una cuerda) y encontró al ratón debajo del desatascador, donde yo lo había atrapado. Se había asfixiado y estaba tumbado boca arriba con las cuatro patas estiradas. Era una cría rosa de unos cinco centímetros. ¡Feroz, sin duda! Ridículo cuando menos, pero es un buen ejemplo de lo que el temor irracional hará a una persona si no vigila sus emociones.

Necesitamos ser como la abuela de 84 años que con fuerza mantuvo su independencia y vivió sola en la antigua casa de la familia. Sus cuatro hijos vivían en la misma ciudad, pero ella rara vez les llamaba excepto en las emergencias. Fue con cierta aprensión, por tanto, que uno de sus hijos condujo a su casa una mañana en respuesta a su llamada de teléfono. Cuando llegó, ella dijo que sospechaba que había un ladrón en el armario de su dormitorio, puesto que había oído ruidos la noche anterior. "¿Por qué no me llamaste anoche?". "Bueno", respondió ella, "era tarde y odio molestarte, así que cerré y clavé la puerta, y me fui a la cama". Esa es la clase de actitud que podemos tener cuando somos confrontados con temores de todo tipo. Cierre y clave la puerta al temor, y váyase a la cama con calmada seguridad.[4]

Quizá podamos cerrar la puerta a muchos temores siendo menos emocionales y aplicando más sentido y razón en el Espíritu Santo. Pregúntese a usted mismo: "¿Qué es posible que ocurra si no cedo a este temor que me está demandando un comportamiento irracional?". Bastante a menudo la respuesta será: "No ocurrirá nada".

Lloyd Douglas dijo: "Si un hombre alberga cualquier tipo de temor, se propaga por toda su mente, daña su personalidad y le hace propietario de un fantasma".[5] En otras palabras, pierde su tiempo en algo que ni siquiera es una realidad.

Se reporta que 6,3 millones de estadounidenses tienen una fobia diagnosticada. Tan sólo imagine cuántos sufren con estos temores irracionales e incapacitantes y los mantienen en secreto. Las estadísticas señalan que el 60 por ciento de las cosas que las personas temen nunca ocurrirán, el 90 por ciento de las cosas temidas son consideradas insignificantes, y el 88 por ciento de las cosas temidas con respecto a la salud nunca ocurrirán.[6]

Me doy cuenta de que es más fácil para mí ser lógica sobre estas fobias porque yo no las tengo. Tengo empatía por la gente que sufre estos problemas, y entiendo que los síntomas que tienen pueden ser abrumadores. Y aunque algunas de las soluciones espirituales que estoy ofreciendo son bastante sencillas, a menudo encontramos que las respuestas a problemas complicados son simples.

> *A menudo encontramos que las respuestas a problemas complicados son simples.*

Buscamos respuestas complicadas a problemas complicados, pero la sencilla verdad de la Palabra de Dios es que Él nos ama y que todo es posible con Él. Acuda a Él en fe como un niño pequeño y crea que Él puede hacerle libre.

Un hombre que tiene miedo a todo muere mil veces, pero el hombre valiente sólo muere una. Si de verdad queremos ser libres del temor, quizá podríamos razonar que a pesar de lo difícil que sea hacer eso que tememos, no sería tan malo como tener miedo a ello toda nuestra vida.

Hágalo aunque sea con miedo

Mientras veía un programa sobre personas que estaban siendo tratadas por fobias, me di cuenta de que los doctores que les atendían estaban intentando buscar la raíz de su problema, razonando con ellos y llevándoles al punto donde ellos hicieran eso mismo que les daba miedo a fin de superarlo. Pensé lo increíble que era que esas personas habían gastado miles y miles de dólares para obtener un consejo que Dios nos da en su Palabra, y gratuito. No tenga miedo de enfrentar el problema real que hay detrás de la fobia. El hombre que tiene miedo de las mujeres bellas realmente está tratando una inseguridad muy arraigada en él mismo y la creencia de que ninguna mujer atractiva se interesaría por él. Realmente no tiene miedo de las mujeres bellas; tiene miedo de él mismo, o miedo de que no cumpla la norma de lo que él imagina que debería ser. La mujer de la que escuché que ejercitaba los pequeños brazos y piernas de su bebé en su esfuerzo por asegurarse de que su hijo nunca tuviera sobrepeso, tenía en realidad miedo de su propia obesidad.

La única manera de conquistar el temor es confrontarlo y hacer aquello que le da miedo. Déjeme añadir que debería ser algo que realmente necesita ser hecho. Si tiene miedo a volar y nunca necesita volar a ninguna parte, entonces simplemente olvídelo. Pero si su temor a volar está afectando adversamente a su vida, hágalo aunque sea con miedo y supérelo. Si tiene miedo a los cerdos, no entre en una piara; pero si tiene miedo a los espacios abiertos, sí necesitará salir...aunque tenga que hacerlo con miedo. Si no lo hace, será un prisionero toda su vida. Cuando confrontamos cosas, siempre descubrimos que la peor parte del temor estaba en nuestras mentes, y que la realidad no era tan mala como nos habíamos imaginado.

Una vez escuché una historia que conté en mi libro *Mujer segura de sí misma*. Era sobre una ciudad donde a los niños se les decía: "Hagas lo que hagas, no vayas cerca de la cima de la montaña. Es donde vive el monstruo". Un día, algunos jóvenes valientes decidieron que querían ver al monstruo y derrotarlo. A la mitad de camino se encontraron con un enorme rugido y un hedor terrible. La mitad de los hombres corrieron montaña abajo gritando. La otra mitad de los hombres llegó más arriba de la montaña y notaron que el monstruo era más pequeño de lo que habían imaginado, pero continuaba rugiendo y emitía tal olor que todos menos uno huyeron. Al dar otro paso adelante, el monstruo encogió al tamaño de un hombre. Otro paso y encogió de nuevo. Seguía siendo horrendo y apestaba, pero el hombre pudo hasta agarrarlo y sostenerlo en la palma de su mano. Él le dijo al monstruo: "Quién eres?". Con una pequeña voz aguda, el monstruo gritó: "Mi nombre es temor".

Así como el monstruo se hacía cada vez más pequeño con cada paso que el hombre daba hacia él, así nuestros temores se harán más pequeños cuanto más los confrontemos.

Los pensamientos y el temor

Pensamientos incorrectos llevan a acciones y reacciones equivocadas. Si está usted lidiando con el temor en general o con algún temor específico, le animo a que examine su vida pensante y puede ser que encuentre rápidamente el origen de su problema. ¡Los pensamientos temerosos nunca producirán una vida libre de temor! Tuve el gozo de escribir un libro hace muchos años llamado *El campo de batalla de la mente*. Trata sobre la batalla que ocurre en nuestra mente y que es inducida por el diablo, según él intenta construir fortalezas en ella que finalmente controlarán nuestro comportamiento. Este libro ha sido usado por Dios para hacer a muchas personas libres de temores irracionales y otros comportamientos adictivos. Nos enseña cómo pensar adecuadamente; y cuando lo hacemos, los pensamientos incorrectos no encuentran entrada o lugar para echar raíces y crecer.

Recuerdo una mujer que testificó que había luchado con la bulimia durante años sin éxito alguno. Este trastorno provoca que una persona coma excesivamente y después le hace vomitar en un esfuerzo por no ganar peso. Si este proceso se repite a menudo, puede provocar un daño terrible en la salud del individuo. Ella había estado en muchos programas de tratamiento sin éxito, pero dio testimonio de que tras leer *El campo de batalla de la mente* obtuvo una claridad que no había tenido antes. Se dio cuenta de que sus pensamientos estaban controlando sus emociones, y sabía que tan sólo pensar correctamente podía ayudarle a ganar su libertad. Cuando sentía la necesidad de provocarse el vómito otra vez después de comer, se llevaba el libro *El campo de batalla de la mente* con ella al cuarto de baño y lo leía de rodillas delante del inodoro. Compartió que la verdad que encontró en el mensaje del libro le dio la fuerza para no ceder a la adicción que estaba robando su vida y su salud, y al final fue completamente libre.

En cualquier momento que sienta miedo, debería cambiar su forma de pensar. No tiene que pensar en lo primero que venga a su mente, pero puede escoger sus propios pensamientos y debería hacerlo muy cuidadosamente. Muchas personas no se dan cuenta de que pueden desechar un pensamiento y escoger otro, pero sí pueden y deben si es que esperan tomar control de sus acciones. La Palabra de Dios nos enseña que según un hombre piensa, en eso se convierte (véase Proverbios 23:7). ¡Pensar correctamente nos llevará a vivir correctamente!

Síntomas emocionales y físicos del temor

Los síntomas del temor, emocionales y físicos, que las personas experimentan terminarán controlando su comportamiento si no los identifican y los confrontan. Cuando el temor está presente, podemos experimentar diversos síntomas que varían desde una leve sensación de nerviosismo, a ataques de ansiedad y de pánico que requieren una visita al hospital. La persona tiembla, suda, su corazón puede acelerarse rápidamente o puede sentirse débil físicamente. Si se afecta su respiración, puede empezar a hiperventilar, haciéndole sentir que se está ahogando, y eso se convierte en un ataque de pánico. Estos síntomas nos hacen huir de lo que sea que esté causando el temor. De hecho, parte de la definición de temor es huir o correr de algo. Resumiendo, el temor trae tormento en muy diferentes niveles.

La mayoría de personas experimenta síntomas leves de temor, y sería más fácil para ellos decidir que van a hacerlo "aunque sea con miedo" a pesar de todo. Para aquellos que experimentan síntomas más serios, puede que necesiten hacer lo que temen poquito a poco, y cada vez que vean progreso les animará a creer que pueden hacer más la próxima vez. El Espíritu Santo nos conoce íntimamente, y podemos confiar en que nunca nos llevará más rápido de lo que somos capaces.

> El Espíritu Santo nos conoce íntimamente, y podemos confiar en que nunca nos llevará más rápido de lo que somos capaces.

Durante los años en que yo estaba siendo sanada del abuso

sexual y emocional que sufrí por parte de mi padre, fui liberada gradualmente, en pequeños pasos. Cuando el Espíritu Santo me guiaba a confrontar los asuntos de uno en uno, yo experimentaba libertad. En algunas ocasiones parecía saltar grandes obstáculos en un gran paso de fe, pero otras veces la libertad llegaba tan lentamente que, tengo que admitirlo, a menudo parecía que no estaba haciendo nada de progreso, aunque sí lo estaba consiguiendo. La Palabra de Dios habla a menudo de "caminar" en fe, o "caminar en amor", o "caminar en el Espíritu". Caminar es el método de transporte más lento conocido para el hombre. Caminar requiere un paso detrás de otro y detrás de otro, pero finalmente llegamos donde íbamos si no abandonamos a lo largo del camino. Puede tomar un tiempo, pero le animo a que siga "caminando" hacia la libertad total del temor.

CAPÍTULO 5

Cómo cultivar valentía

No nos cansemos de hacer el bien, porque a su debido tiempo cosecharemos si no nos damos por vencidos.

Gálatas 6:9

Antes de comenzar a hablar de los diferentes tipos de temor que a menudo tenemos que enfrentar en la vida, creo que es importante hablar de la respuesta a todo temor, sin importar de qué clase sea. Sólo vencemos el temor creyendo que Dios nos ama incondicionalmente, poniendo nuestra fe en Él, confiando en que Él está con nosotros en todo momento y dejando que eso nos dé la seguridad para ser valientes.

Quizá, en lugar de orar para que nuestros temores se vayan, deberíamos orar para ser lo suficientemente valientes como para soportarlos y dejarlos atrás. Satanás nos da el temor, pero Dios nos da la fe, y todo lo que Dios da es siempre más poderoso que lo que Satanás ofrece. El punto es que aún cuando el temor está presente, si la fe en Dios y la valentía también están presentes derrotarán al temor: cada vez.

La valentía no es algo que esperamos sentir antes de ejercitarla, sino una fuerza con la que creemos que estamos equipados porque creemos que Dios está con nosotros. Deberíamos prestar más atención a lo que Dios nos ha dicho en su Palabra que a las mentiras de Satanás. La valentía es lo que nos capacita para mirar a las cosas que tememos y "hacerlas aunque sea con miedo".

Una mañana de verano, mientras Ray Blankenship estaba preparando su desayuno, miró por la ventana y vio a una niña pequeña ser arrastrada por el agua desbordada por las lluvias torrenciales de un canal al lado de su casa de Andover, Ohio. Blankenship sabía que más abajo el canal desaparecía debajo de una carretera y después desembocaba en la alcantarilla principal. Ray alcanzó la puerta y corrió a lo largo del canal, tratando de adelantar a la niña que se hundía. Entonces se arrojó a las profundas y agitadas aguas. Blankenship salió a la superficie y pudo agarrar el brazo de la niña. Dieron vueltas y vueltas. A un metro de la alcantarilla, la mano libre de Ray sintió algo, posiblemente una roca, sobresaliendo de una orilla. Se aferró desesperadamente, pero la tremenda fuerza del agua trató de arrastrarlos a él y a la niña. *Si tan sólo pudiera sostenerme hasta que llegue ayuda...* pensó. Hizo algo aún mejor. Para cuando llegaron los bomberos del cuerpo de rescate, Blankenship había tirado de la niña hasta que estuvo a salvo. Ambos fueron atendidos por shock. El 12 de abril de 1989, Ray Blankenship fue condecorado con la Medalla de plata al Mérito de los Guardacostas. El premio es merecido, porque esta persona desinteresada estuvo aún en mayor riesgo de lo que la mayoría de la gente sabe. Ray Blankenship no sabe nadar.[1]

Ray Blankenship seguramente habría sentido miedo si se hubiera tomado el tiempo de pensar en lo que estaba a punto de hacer, pero la valentía interior le motivó para hacer lo que habría sido imposible si lo hubiera pensado. Creo que todos

> *Todos somos capaces de hacer grandes cosas si vivimos valientemente.*

tenemos valor, pero tristemente pensamos demasiado en las cosas que nos asustan y esas cosas nos impiden dar lo mejor de nosotros. Todos somos capaces de hacer grandes cosas si vivimos valientemente.

El valor ve la oportunidad e intenta hacer algo en lugar de sentarse pasivamente y no hacer nada. A veces existe una línea delgada entre el valor y la necedad, y por supuesto que no estoy promoviendo la necedad, pero a veces debemos al menos estar dispuestos a correr ese riesgo si es que vamos a hacer algo valiente. Me han dicho a menudo que no puedo hacer esto o aquello, pero he sentido que Dios quería que lo intentara, y lo hice. He intentado vivir mi vida motivada por lo que siento en mi corazón, no por lo que me dicen otros. Ha funcionado bien para mí, y aunque he cometido algunos errores, he tenido más éxitos que fracasos y eso es lo que recuerda la gente. Admito que no estoy súper formada ni soy increíblemente creativa, pero he cultivado fe en Dios y he escogido el valor como un medio de vida, y usted puede hacer lo mismo.

Cuando Pedro salió de la barca para intentar caminar sobre el agua como Jesús estaba haciendo, estoy segura de que sintió una mezcla de temor y valor, y el valor venció. Seguramente sabía que quizá podía terminar pareciendo necio delante de los otros discípulos, pero asumió el riesgo. Pedro no pensó en el hecho de que no podía caminar sobre el agua, simplemente salió y lo intentó. De cierto caminó sobre el agua una corta distancia y luego, cuando vio y pensó en la tormenta, empezó a hundirse (véase Mateo 14:28-31). La historia no se repite hoy para que la gente recuerde cómo Pedro se hundió cuando lo intentó; en cambio, lo contamos para recordar que SÍ caminó sobre el agua. Podemos ver por esta historia bíblica que el heroísmo y el valor son recordados y celebrados. Si usted cree que debe hacer algo, ¡hágalo! Incluso si sólo obtiene un éxito parcial, todavía usted será mejor que aquellos que nunca lo intentaron. Lo peor que puede ocurrir es que fracase; pero si ni siquiera lo intenta, habrá fracasado ya.

Dios llama a Josué

Sean fuertes y valientes. No teman ni se asusten ante esas naciones, pues el Señor su Dios siempre los acompañará; nunca los dejará ni los abandonará.

Deuteronomio 31:6

Cuando Dios le dijo a Josué que él iba a terminar de guiar a los israelitas a la Tierra Prometida después de que Moisés había muerto, estoy segura de que Josué se sintió temeroso ante la tarea. Dios no le estaba diciendo que no *sintiera* temor, le estaba diciendo que enfrentara el temor con valentía. Vemos la frase "no temas" repetida una y otra vez en la Biblia. No significa no sentir temor, sino no ceder a él cuando lo sentimos.

La Palabra de Dios está llena de historias de hombres y mujeres que hicieron cosas increíbles por fe, y nunca se nos dice que no sintieran temor. En algunas ocasiones se nos dice claramente que lo sintieron. Moisés tuvo miedo cuando Dios se le apareció en la zarza ardiente, Elías tuvo miedo de Jezabel, seguramente Abram sintió temor cuando Dios le pidió que dejase su casa y a todos sus parientes y fuese a un lugar que sólo se le revelaría después de comenzado su viaje. Ester habló de su temor a ser muerta por el rey si Dios no le daba el favor cuando fue delante de él a rogar por su pueblo. Seguro que Daniel sintió temor cuando caminaba en el foso de los leones, pero con valentía lo hizo aunque fue con miedo. Tanto si está familiarizado con estas historias de la Biblia como si no, déjeme asegurarle que son relatos de personas normales como usted o como yo que fueron impulsados por Dios a enfrentar sus temores y hacer cosas increíbles.

Josué estaba enfrentando una tarea enorme cuando Dios le dijo que no temiera y fuera valiente. ¿Qué es lo que usted está enfrentando ahora mismo, o qué podría enfrentar en el futuro?

> La respuesta al temor es siempre la misma: "Sea fuerte y valiente porque Dios está con usted".

Sea lo que sea, no tema, porque Dios ha prometido estar con usted, igual que Él prometió estar con Josué. Aunque puede que no estemos equipados para manejar algunas de las cosas que enfrentamos en la vida, Dios lo está. ¡No hay nada demasiado difícil para Él! En más de una ocasión, Dios le dijo a Josué que fuese fuerte y valiente y que siguiera avanzando. No solamente sentimos miedo al principio del viaje, sino que también aparece sin anunciarse en varias ocasiones a lo largo del camino. La respuesta al temor es siempre la misma: "Sea fuerte y valiente porque Dios está con usted".

La necesidad de valentía es la razón por la que debemos animarnos unos a otros. El temor corre desbocado en la tierra y busca estorbar todo progreso, pero Dios nos ha dado al Espíritu Santo para que nos aliente, y Él nos exhorta a animarnos unos a otros. Una palabra de ánimo acertada de usted en el momento acertado puede evitar que alguien abandone.

Dios le dijo a Moisés, antes de morir, que infundiera ánimo a Josué:

> *Quien sí entrará es tu asistente, Josué hijo de Nun. Infúndele ánimo, pues él hará que Israel posea la tierra.*
> Deuteronomio 1:38

Moisés también le dijo al pueblo que infundiese ánimo a Josué:

> *Dale a Josué las debidas instrucciones; anímalo y*
> *fortalécelo, porque será él quien pasará al frente de este*
> *pueblo y quien les dará en posesión la tierra que vas a ver.*
>
> Deuteronomio 3:28

Dios sabía que el temor atacaría a Josué y que él necesitaría aliento durante todo el camino. ¿Es usted bueno en animar a la gente? Es un ministerio vital e importante, y que ninguno de nosotros debería ignorar. Cuando yo di el paso para obedecer el llamado de Dios en mi vida, hubo muchos que me desanimaron, y solamente tres, que yo pueda recordar, que me animaron. Afortunadamente y por la gracia de Dios, pude confrontar los muchos temores que vinieron contra mí con el valor de Dios, y usted puede hacer lo mismo. Aunque no tenga una persona en este mundo que le esté animando, tiene al Espíritu Santo, y Él le animará si usted le escucha. Cuando todos los hombres nos fallan y nos sentimos terriblemente solos, Dios está con nosotros como siempre lo ha estado. El apóstol Pablo dijo: "En mi primera defensa, nadie me respaldó, sino que todos me abandonaron. Que no les sea tomado en cuenta. Pero el Señor estuvo a mi lado y me dio fuerzas [...]" (2 Timoteo 4:16-17). Así como el Señor estuvo con Pablo y le dio fuerza, Él hará lo mismo por usted.

Equipados para la tarea

Puede estar usted seguro de que Dios le equipará para que haga todo lo que Él le lleve a hacer. Puede que usted no vea o sienta las habilidades y el valor que necesita, pero llegarán en el momento en que los necesite. En el orden de Dios, debemos creer primero y veremos después. Cuando confiamos en Dios y damos los pasos de fe que nos está guiando a dar, Él nunca dejará de darnos lo que necesitamos.

Por eso les digo: Crean que ya han recibido todo lo que estén pidiendo en oración, y lo obtendrán.

Marcos 11:24

¿Cuándo obtenemos lo que hemos pedido? ¡Después de creer! Algunas veces debemos incluso permanecer firmes en creer durante un periodo de tiempo antes de ver lo que es ya nuestro por fe.

Dios llamó a un hombre llamado Gedeón para liberar a su pueblo. En lo natural, Gedeón era un gran cobarde, e incluso se refería a sí mismo como el menor de la casa de su padre y del clan más pobre. Le dijo a Dios que él no era capaz de hacer lo que Dios le estaba pidiendo (véase Jueces 6:15). Gedeón estaba hablando basándose en su mente y sus emociones, pero debería haber estado escuchando a Dios y repitiendo lo que Él le estaba diciendo. Dios ya había enviado a un ángel que se le apareció Gedeón, y el ángel dijo: "¡El Señor está contigo, guerrero valiente!" (Jueces 6:12). Creo que esto es sorprendente. Dios no llamó a Gedeón conforme a lo que él era; ¡le llamó según lo que Él sabía que Gedeón tenían la capacidad de ser! Gedeón no lo veía todavía, así que aún se refería a sí mismo como si fuese un hombre natural sin Dios. Es bueno tomar algún tiempo para preguntarse a sí mismo qué es lo que de verdad piensa y cree sobre usted. ¿Cree que Dios le ama, y que Él está con usted en este momento? ¿Cree que usted puede hacer todo lo que Dios le pida? Deje de fijarse en lo que usted cree que es y comience a escuchar a Dios, que está en su corazón, intentando animarle a ser valiente y a hacer grandes cosas en lugar de vivir en temor y tomar un papel secundario en la vida.

Puede hacer lo que necesite hacer en la vida a través de Cristo que le fortalece (véase Filipenses 4:13). Si usted cree esto, entonces un futuro de aventura con posibilidades ilimitadas le espera.

Yo hago muchas cosas en mi ministerio para las que no estoy calificada en lo natural. Lo que quiero decir es que no he tenido una educación formal para hacerlas, pero Dios me ha equipado. He predicado miles y miles de mensajes, y todavía ninguna persona en la tierra me ha enseñado cómo elaborar un sermón.

Es emocionante cuando nos vemos a nosotros mismos haciendo cosas que sabemos que no podríamos hacer a menos que Dios las estuviese haciendo a través de nosotros. Dios nos equipa con su unción (su poder). Él nos da una capacidad sobrenatural, quitando nuestro "natural" y añadiendo su "sobre". Dios está buscando a personas que estén disponibles, no necesariamente aquellos que son capaces. Gedeón sabía que en lo natural él no era capaz, pero Dios le equipó para la tarea.

Nuestra capacitación ocurre de varias maneras. Dios nos equipa divinamente con dones que nos capacitan para hacer su voluntad. El Espíritu Santo distribuye esos dones (habilidades) según Él desea y para su propósito. Es inútil ser infeliz con los dones que nos han sido dados o de hecho, no dados. Algunas personas se pasan la vida deseando poder hacer cosas para las que no tienen talento, mientras ignoran las cosas que sí pueden hacer. Pero déjeme repetirle que Dios definitivamente nos capacita para hacer con éxito lo que Él nos guía a hacer. No somos capacitados para hacer las cosas según nuestra propia voluntad, sino somos capacitados para hacer la voluntad de Dios.

> *Dios está buscando a personas que estén disponibles, no necesariamente aquellos que son capaces.*

También somos fortalecidos y capacitados para nuestra tarea a través del estudio diligente de la Palabra de Dios. Tomarse tiempo para hacer esto es algo que podemos y debemos hacer si queremos estar completamente preparados para cualquier cosa que venga a nuestro camino. El estudio regular de la Palabra de Dios le mantiene fuerte espiritualmente. La Palabra de Dios dice que el espíritu fuerte de un hombre le sostendrá aún con dolor físico y problemas (véase Proverbios 18:14). Si hace lo que necesita hacer para permanecer fuerte, experimentará más victoria.

> *Toda la Escritura es inspirada por Dios y útil para enseñar, para reprender, para corregir y para instruir en la justicia, a fin de que el siervo de Dios esté enteramente capacitado para toda buena obra.*
>
> 2 Timoteo 3:16-17

Cuando tenemos conocimiento de la Palabra de Dios que ha sido probada en nuestra vida, nos da confianza y valentía, y eso es lo que necesitamos para enfrentar el espíritu de temor.

Otra manera en que somos capacitados para nuestra tarea en la vida es a través de las experiencias que vivimos. A veces no entendemos por qué Dios permite algunas de las dificultades por las que atravesamos, pero Él siempre tiene un propósito, Él puede usar nuestras dificultades para nuestro bien final.

Mire lo que esta escritura dice sobre la experiencia de Jesús durante sus años en la tierra:

> *Aunque era Hijo, mediante el sufrimiento aprendió a obedecer; y consumada su perfección, llegó a ser autor de salvación eterna [...].*
>
> Hebreos 5:8-9

Las cosas que Jesús experimentó en su humanidad le capacitaron como un sumo sacerdote misericordioso que pudo identificarse con las debilidades y necesidades de toda la gente. Algunas veces debemos atravesar cosas para poder entender completamente las dificultades que otros experimentan. Creo que cada cosa por la que atravesamos colabora en capacitarnos para nuestro siguiente desafío. Haber experimentado y atravesado cosas también nos ayuda a vivir valientemente. Aprendemos que podemos soportar dificultades, y ese conocimiento nos ayuda a no temer retos futuros.

Hasta ahora vemos que somos: (1) Sobrenaturalmente capacitados por Dios para nuestra tarea. (2) Capacitados a través del conocimiento de la Palabra de Dios. (3) Capacitados a través de las experiencias que tenemos en la vida. Sea suficiente decir que usted es capaz de hacer cualquier cosa que Dios le guíe a hacer; Dios lo sabe, pero usted necesita saberlo también. Si duda de usted mismo, entonces es posible que no dé el paso, sino que se eche atrás en timidez y temor.

Escoja la valentía

Satanás nos ofrece el temor, pero Dios nos ofrece la valentía. ¿Cual escogerá usted?

> *Los israelitas se animaron unos a otros, y volvieron a presentar batalla donde se habían apostado el primer día.*
> Jueces 20:22

Los hombres de Israel estaban en una batalla con los benjaminitas y los hombres de Guibeá, y al final del primer día de batalla ellos habían perdido 22.000 hombres. Después de una derrota así es incluso más difícil ser valiente de lo que era previamente. Pero los israelitas se armaron de valor y "se animaron unos a otros", y se apostaron para presentar batalla de la misma manera que lo habían hecho el día anterior. La historia continúa diciendo que el segundo día ellos perdieron 18.000 hombres. Estaban siendo valientes y todavía estaban perdiendo la batalla; sin embargo, no se dieron por vencidos. Continuaron buscando a Dios y fueron de nuevo a la batalla, y finalmente derrotaron a su enemigo. ¡Estoy emocionada y animada por gente que se niega a abandonar!

Los hombres de Israel tenían una decisión que tomar después de su primera derrota. ¿Se armarían de valor o de temor? ¿Creerían que con Dios no fracasarían y que podrían intentarlo de nuevo, o tomarían el camino fácil de escapar y sencillamente rendirse? Se necesita valentía para seguir aguantando cuando uno ya ha experimentado fracaso, pero ellos lo hicieron y salieron victoriosos. Muchas personas que viven vidas insatisfechas lo hacen porque permitieron que uno o dos fallos les derrotasen. Me gusta decir que no somos fracasos sólo porque fracasemos en algo. Nadie es un fracaso hasta que deja de intentarlo.

Los hombres de Israel tuvieron éxito por tres razones: (1) Dios estaba de su lado. (2) Ellos escogieron la valentía. (3) Se esforzaron. ¿Cómo se fortalecieron a sí mismos? Sólo puedo imaginarlo, puesto que yo no estaba allí, pero yo creo que ellos oraron, recordaron la palabra de Dios para ellos, se animaron unos a otros, y tuvieron una buena conversación con ellos mismos. Algunas veces tenemos que decirnos a nosotros mismos: *No me rendiré y tendré éxito.* Quizá incluso tenga que decirlo repetidamente hasta que cale en su conciencia.

Una pérdida previa puede desanimarnos, pero la gente también puede desanimarnos algunas veces. Nos miran en lo natural, o cómo somos, y a veces nos desaniman porque sencillamente no ven lo que Dios ve. Pero Dios mira más allá de lo que somos ahora mismo, y ve lo que podemos ser con su ayuda. No escoja el temor que Satanás le ofrece, porque si lo hace, está tomando una fuerza destructiva en su vida que le debilita y le desarma. ¡Escoja la valentía y fortalézcase en el Señor!

La valentía es contagiosa

¿Podemos contagiarnos de valentía? Al principio, no; inicialmente, la valentía debe ser una elección, pero una vez que probamos cómo se siente la valentía y vemos los beneficios que nos trae, ¡la valentía se vuelve contagiosa! Puede comenzar en un área de nuestra vida y después extenderse a todas las áreas. Creo que el primer acto verdaderamente valiente que yo hice fue decidir finalmente que, con la ayuda de Dios, yo podía vencer mi pasado horrible y doloroso. Decidí dejar de ser una víctima y dejar de sentir lástima de mí misma. Una vez que hube tomado esa valiente decisión, el valor comenzó a extenderse a toda mi vida. Sí, todavía tenía que tomarlo cada vez que lo necesitaba, pero una vez que había probado la valentía, ya no podía digerir el temor. ¿Por qué escogería alguien vivir una vida débil, tímida e impotente después de haber experimentado los beneficios de la valentía? Normalmente nadie lo haría. Iría de valor a más valor y haría grandes cosas para la gloria y la honra de Dios.

La primera vez que hablé delante de lo que yo pensaba que era una gran reunión de personas (unas 900), estaba muy asustada. De hecho, tan asustada que el temor había cerrado mi garganta y cuando inicialmente intenté hablar, sólo un débil quejido salió de mí. Pero reuní valor y me fortalecí a mí misma, lo intenté de nuevo y fui capaz de hablar. Esa primera vez terminó en éxito. Comprobé los beneficios de la valentía, y desde entonces he hablado delante de hasta medio millón de personas a la vez en una cruzada al aire libre en India sin ningún temor en absoluto. En este punto de mi vida no dudo en aprovechar cualquier oportunidad que Dios pone delante de mí, porque sé que si Dios me llama a hacerlo, Él me capacitará también. ¿Soy por naturaleza valiente? ¡En realidad no! Tan sólo he dejado que el valor sea contagioso en mi vida. Soy adicta a ello en este punto de mi vida, y no me puedo imaginar estar atormentada por el temor día y noche como una vez lo estuve. Si usted está controlado por el temor, o si siente que ha perdido oportunidades a causa de ello, la buena noticia es que usted también puede escoger la valentía y comenzar a disfrutar las nuevas oportunidades que Dios pondrá en su camino.

También creo que otras personas son animadas al vernos ser valientes. Ellos ven el gozo que tenemos, el poder en el que caminamos y la victoria que experimentamos, y ellos quieren tener lo mismo. Por supuesto que ellos tendrán que escoger el valor, porque no les será simplemente injertado, pero tendemos a ser como las personas que tenemos alrededor.

Si usted quiere más valentía, entonces pase tiempo con personas que son valientes y deje de pasar demasiado tiempo con personas temerosas y derrotadas. Cuando Dios llamó a Gedeón a guiar a su pueblo a la victoria, y Gedeón finalmente solucionó sus propios temores y aceptó el reto, llegó el tiempo cuando él tuvo que separarse de otros hombres temerosos para ganar la batalla.

> *Anúnciale ahora al pueblo: "¡Cualquiera que esté temblando de miedo, que se vuelva y se retire del monte de Galaad!". Así que se volvieron veintidós mil hombres, y se quedaron diez mil.*
>
> Jueces 7:3

Estos números nos dan una idea de cuánta gente temerosa hay comparada con aquellos que tienen valor. Gedeón iba a ser más poderoso con unos cuantos hombres valientes que con muchos hombres, la mayoría de ellos temerosos. Entender esta escritura me ha ayudado en mi propio ministerio a comprender que no importa lo bien me caiga alguien, o que yo no quiera herir sus sentimientos, simplemente no puedo hacer todo lo que Dios quiere que haga con personas temerosas a mi lado.

Estoy dispuesta a trabajar con aquellos que tienen temor para ayudarles a vencer sus temores, pero si persisten en ser excesivamente tímidos, tengo que ponerles en una posición donde el valor no sea necesario.

Por ejemplo, cuando salgo a un viaje a un país del tercer mundo que tiene un historial de ser peligroso, uso la sabiduría de Dios y no tengo ningún temor a ir. Pero el equipo que llevo conmigo debe también ser valiente. No puedo permitirme ir a sitios espiritualmente inestables con temor. Si lo hiciera, el diablo identificaría mi temor y eso abriría una puerta para él. Debemos mantener un alto nivel de confianza durante todo el proyecto si planeamos tener éxito.

Incluso si usted ha sufrido reveses, no deje que le llenen de temor. ¡Sacúdase la decepción y tome posiciones de nuevo para la victoria!

CAPÍTULO 6

Inseguridad

Vivirás tranquilo, porque hay esperanza; estarás protegido y dormirás confiado. Descansarás sin temer a nadie [...].

Job 11:18-19

He leído que la inseguridad se define como un sentimiento de intranquilidad general o nerviosismo que puede ser activado al percibirse a uno mismo vulnerable de alguna manera, o un sentimiento de inestabilidad que amenaza nuestra autoimagen. Es un sentimiento o creencia de que no somos aceptables y de que no somos lo que deberíamos ser. Es un temor a que fracasaremos en un momento importante y todo el mundo descubrirá que no tenemos ningún valor. Algunas personas son un poco inseguras y quizá sólo en una o dos áreas, pero otras personas están casi incapacitadas por la inseguridad y se muestra en todo lo que intentan hacer.

Casi cada persona en este mundo sufre alguna forma de inseguridad. Tanto si es física, emocional o espiritual, la inseguridad corre a sus anchas. Podríamos incluso decir que tenemos una epidemia de personas inseguras en nuestra sociedad hoy día. En realidad hay una única forma de seguridad permanente, y su nombre es Jesús. Él es el único que nunca cambia y Él es el único de quien podemos confiar que estará presente cuando le necesitemos. Podemos estar seguros en Él y en su amor incondicional por nosotros.

En esta sección citaré varias escrituras, y le sugiero que no las pase por alto. Las estoy incluyendo porque de verdad creo que la Palabra de Dios tiene poder que nos consolará y nos hará libres del temor y de la inseguridad.

> *Que el amado del Señor repose seguro en él, porque lo protege todo el día y descansa tranquilo entre sus hombros.*
>
> Deuteronomio 33:12

¡Usted es el amado del Señor! Tendrá que escoger creer esto para disfrutar una vida sin temor y segura antes de que algún verdadero progreso pueda ocurrir. El amor incondicional de Dios es la cura para todo lo que nos enferma. Sana los corazones

> El amor incondicional de Dios es la cura para todo lo que nos enferma.

rotos y las almas que están heridas por abusos del pasado. Nos hace libres de la comparación y de la competición, y nos da la confianza para ser la persona que Dios nos creó para que fuésemos. Sólo en el amor de Dios podemos encontrar verdadera seguridad.

Todo el mundo quiere ser amado de manera incondicional. Quieren ser amados por quiénes son y no meramente por lo que hacen. Admitiré que en el mundo es difícil (pero no imposible) encontrar esa clase de amor puro y desinteresado, pero podemos encontrarlo abundantemente y gratuitamente en Jesús. Se le llama "perfecto" amor.

> *Sino que el amor perfecto echa fuera el temor. El que teme espera el castigo, así que no ha sido perfeccionado en el amor.*
>
> 1 Juan 4:18

Las personas inseguras tienen gran dificultad para creer completamente que Dios puede amarles de manera perfecta, completa y para siempre. Es porque no se sienten merecedores del amor en su estado imperfecto, y todavía no han aprendido que el amor de Dios es un regalo de su gracia y no algo que ellos pueden ganar o merecer.

¿Cómo podemos creerlo? Yo creo muchas cosas sobre las promesas de Dios porque lo decido así. Decido hacerlo porque creer es lo que produce paz y gozo en mi vida. Viví muchos años llena de duda e incredulidad, esperando algún tipo de prueba de que Dios y sus promesas eran reales, y sólo produjo temor y tristeza. Usted puede también esperar algún tipo de prueba, la cual quizá nunca llegará, o puede aceptar el amor de Dios por fe y comenzar su viaje de plenitud. La fe que tengo en mi corazón se ha hecho más real para mí que ninguna circunstancia podría ser. Las circunstancias pueden cambiar rápido y frecuentemente. Si yo basara el amor de Dios en las circunstancias, un día parece que Él me ama y después al día siguiente pudiera parecer que no lo hace. Pero cuando yo lo recibo por fe, es siempre mío y nunca me lo pueden quitar a menos que yo decida dejarlo ir. Esto podría sonar demasiado simplificado, pero creo que podemos escoger creer lo que queramos creer, así que, ¿por qué no creer algo que le beneficiará a usted?

Crea que Dios le ama. Disponga su mente y manténgala en el hecho de que Dios le ama, no porque lo merezca, sino porque Él es amor y amarnos es simplemente lo que Él hace. ¡No hay nunca un momento en su vida cuando Dios no le ame! Puede que a Él le desagrade nuestra conducta algunas veces, pero su amor por nosotros es constante e ininterrumpido.

Tómese todo el tiempo que necesite para disfrutar del amor de Dios. Jesús dijo: "Permanezcan en mi amor" (véase Juan 15:10), y eso significa vivir, morar y permanecer en él todo el tiempo. No deje que nada le separe del amor de Dios. El apóstol Pablo nos enseña a arraigarnos y cimentarnos en el amor de Dios.

> *Para que por fe Cristo habite en sus corazones. Y pido que, arraigados y cimentados en amor.*
>
> Efesios 3:17

Sí, es sólo el amor incondicional de Dios lo que destruye nuestra inseguridad y lo que nos hace sentir seguros en Él. ¿Tiene raíces profundas en el amor de Dios? ¿Las raíces lo suficientemente profundas para llevarle a través de cada tormenta en la vida sin ni siquiera preguntarse si Dios le ama o no? Oro que así sea, pero si no, emociónese porque Dios está trabajando en su vida ahora mismo, ¡y Él nunca le fallará! Dios está renovando su mente según lee este libro, y creo que le va a ayudar a que usted reciba el amor de Dios gratuitamente en una mayor medida que nunca hasta ahora. Con la ayuda de Dios, nunca estamos atrapados en un lugar sin salida. No importa cuánto tiempo haya sufrido de inseguridad, la sanidad y la libertad de Dios están disponibles para usted. ¡Está en su camino a la libertad!

¿De dónde viene la inseguridad?

No creo que nazcamos inseguros, pero no le lleva mucho tiempo a la inseguridad asomar esa horrible cabeza. ¿Qué ocurre? Lo único que se necesita son unas cuantas experiencias tristes que nos hagan sentir que algo pasa con nosotros, y las semillas de la tormentosa inseguridad son plantadas.

Una joven tiene acné en la cara, pero su mejor amiga tiene una piel hermosa. Un joven es pesado y muy alto, él destaca sobre todos sus amigos delgados y de mediana estatura. Una niña de nueve años siente que es su culpa que mamá y papá se divorciaran. Un chico con una discapacidad para el aprendizaje no va bien en la escuela y se le acusa de no alcanzar su potencial, sencillamente porque todo el mundo ha errado en identificar el verdadero problema. Un joven tartamudea terriblemente y otros chicos, que a menudo pueden ser crueles, se burlan de él. Una mujer se casa con el hombre de sus sueños y está dedicada a él. Ella descubre que él ha estado teniendo una aventura con otra mujer y la deja con dos hijos que cuidar. Un hombre ha trabajado para una compañía durante veinte años y entonces, sin advertencia, le despiden y se encuentra desempleado e incapaz de encontrar un trabajo.

La inseguridad puede llegar de cualquiera de este tipo de cosas, y miles de otras. Satanás, el autor del temor, es también el autor de la inseguridad, que en realidad es un temor a no ser aceptables y a que no seremos cuidados.

Aunque es bueno llegar a la raíz de nuestras inseguridades para ayudarnos a comprenderlas mejor, no es imprescindible para recuperarnos de ellas. Algunas personas son extremadamente inseguras y no tienen ni idea del porqué. Tuvieron magníficos padres, una buena experiencia escolar, muchos amigos, sacaban buenas calificaciones y tuvieron muchas otras experiencias agradables, pero en lo secreto sufren terriblemente con sentimientos de inferioridad. Una persona puede incluso vivir una doble vida. Aparenta ser feliz con quienes están a su alrededor, pero en su vida secreta tiene un trastorno alimenticio, se odia a sí misma, y siempre se siente insegura. La cara feliz que ella se pone es una máscara que lleva, y tiene a todos engañados menos a ella y al Dios que la creó. A menos que estos tipos de problemas sean confrontados, pueden convertirse en problemas de ansiedad más graves.

La meta de Satanás es volvernos insatisfechos con nosotros mismos y después conducirnos a comparaciones dañinas con otras personas. Quiere que desperdiciemos nuestras vidas intentando convertirnos en otra persona en lugar de aceptar la persona increíble que Dios pretende que seamos. ¡Resístale al comienzo de la inseguridad! Si ha creído todo tipo de cosas negativas sobre usted mismo y ha sufrido de inseguridad, ¿por qué no decir adiós a la inseguridad y comenzar su viaje hacia una vida segura, confiada y a salvo ahora mismo? Haga una declaración atrevida en voz alta y diga: *"Resisto la inseguridad. Resisto al diablo, quien es la raíz de la inseguridad y el temor, y me someto al amor incondicional de Dios y a su sanidad"*. Por fe, reciba la gracia gratuita de Dios que es su favor inmerecido y el poder para cambiar.

> *Pero él nos da mayor ayuda con su gracia.*
>
> Santiago 4:6

La gracia está siempre disponible para nosotros en cualquier situación que encontremos en la vida. Nos levantará y nos capacitará para tener éxito en todo lo que necesitemos hacer. Por favor, crea que usted no tiene que continuar sufriendo de inseguridad. Puede ser la persona atrevida y valiente que Dios pretende que usted sea.

Síntomas de inseguridad

Además de ser temeroso, algunos de los síntomas de la inseguridad son estar a la defensiva, ser excesivamente competitivo y materialista, autopromoverse, manipular, controlar y fastidiar a otros, ser celoso y bromear excesivamente, sólo por mencionar algunos.

Las personas inseguras tienden a ser muy sensibles a cualquier clase de crítica, y su primer impulso es defenderse a sí mismos y tratar de convencer a otros de que ellos no cometen errores.

Pueden hablar o demasiado sobre sí mismos y de lo que están haciendo y consiguiendo en un esfuerzo por demostrar que tienen valor. O pueden sentirse amenazados por otros, y especialmente por aquellos que son seguros, de modo que intentan permanecer en control de cada situación. En un esfuerzo desesperado por parecer poderosos, acosan, manipulan y controlan.

Una persona insegura puede buscar poseer muchas cosas porque eso le hace sentir importante. A menudo son muy competitivos. Su meta es ser el número uno en todas las cosas porque les hace sentir mejor que otras personas. Pero su comportamiento sólo revela sus inseguridades más que esconderlas, como habían esperado. Trabajan tan duro para convencer a la gente de que son valiosos que les agota mentalmente, emocionalmente y físicamente. Sé que esto es verdad porque antes yo era muy insegura, y aunque no me daba cuenta en ese tiempo, estaba trabajando constantemente y tratando de probarme a mí misma y a todos que estaba bien.

No creo que ninguna persona sea verdaderamente libre hasta que no tenga necesidad de impresionar a nadie más. Se siente muy bien al ser libre de la agonía de la inseguridad y no tener nada que demostrar.

Falsa seguridad

Todo aquello en lo que confiamos y que se nos puede quitar trae inseguridad. Sólo lo que no se nos puede quitar es lo que nos da seguridad.

Autor anónimo

¿A qué se está aferrando para su seguridad? ¿Cuán estable es eso? ¿Está dispuesto a soltarlo y a confiar totalmente en Dios?

Sólo para que no haya malentendidos, no estoy diciendo que no deberíamos confiar en la gente, jefes, los bancos u otras cosas que nos pueden ayudar en la vida, pero la verdad es que no tenemos ninguna garantía de que no fallarán. La única garantía que podemos tener se encuentra en Jesús.

Podemos confiar en otras cosas, pero no nos atrevamos a darles la confianza que sólo le pertenece al Señor. Yo confío en mi esposo y dependo de él, pero también sé que mientras tenga a Dios, podría continuar en la vida incluso si algo le ocurriera a Dave. Confío en mis amigos, pero he sido herida profundamente por otros amigos en los que había confiado en el pasado, así que no confío en ellos hasta el punto de poner toda mi confianza en ellos. Reconozco que ellos podrían decepcionarme, pero mientras yo tenga a Dios, me recuperaré y continuaré.

Tengo dinero en el banco, y he hecho lo mejor que podía para escoger un banco con una buena reputación porque no quiero perder mi dinero, pero incluso si lo hiciera, sé que todavía podría ser feliz. Hubo un tiempo en que yo no tenía el dinero que tengo ahora y era feliz entonces, y sobreviviría gozosamente sin ello otra vez si tuviera que hacerlo. Debemos aprender a disfrutar las cosas sin desarrollar un apego demasiado fuerte a ellas. Verdaderamente, el mundo y todo lo que en él está es inestable, y sólo terminaremos heridos y decepcionados si ponemos nuestra confianza en ello. *Todo lo que creemos que necesitamos para ser felices, aparte de Dios, ¡es algo que el diablo puede usar contra nosotros!*

A menudo Dios sacude las cosas materiales en las que tenemos puesta nuestra confianza. Él lo hace para redirigirnos hacia Él. Nos está haciendo un enorme favor cuando hace eso, porque a veces podemos tener demasiada confianza puesta en las cosas y ni siquiera darnos cuenta.

Autosuficiencia

¿Está confiando en usted mismo? Todos lo hacemos hasta que aprendemos que debido a la debilidad inherente de la carne, siempre terminaremos decepcionados. A menudo sentimos que no podemos confiar en nadie excepto en nosotros mismos, de modo que tratamos desesperadamente de cuidar de nosotros mismos, y cuando lo hacemos, nos perdemos la increíble protección de Dios. Después de muchos años de estar en modo de autoprotección y experimentar mucho temor, finalmente puse fin a la autoprotección y le devolví la tarea a Dios. Qué descanso descubrir que si pongo mis preocupaciones en Él, Él cuidará de mí (1 Pedro 5:7).

Podemos buscar el sentirnos seguros en nuestra religiosidad. Podemos intentar hacer lo correcto para sentirnos bien con nosotros mismos, pero ese no es el plan de Dios. Dios quiere que nos sintamos bien con nosotros mismos no solamente porque hacemos lo correcto, sino porque Él nos ama y nos ha justificado a través de Jesucristo.

> *Esta justicia de Dios llega, mediante la fe en Jesucristo,*
> *a todos los que creen [...].*
>
> Romanos 3:22

El apóstol Pablo escribió en su carta a los Filipenses sobre cómo él mismo había confiado en su propia rectitud para su mérito y valía. Él dijo que tenía cosas en las que confiar sobre sí mismo más que cualquier hombre. Cumplía la ley y era un hombre muy religioso. Él era de la estirpe correcta, tenía la educación correcta, los amigos y las conexiones correctas. Incluso dijo que era muy difícil encontrar nada de lo que acusarle (Filipenses 3:4-6). Él estaba engreído en su propia autojustificación hasta que Dios le reveló que la verdadera justificación sólo se encuentra a través de Cristo. Después de recibir esa revelación de Dios, declaró que todo lo que él pensaba que antes tenía era basura comparado con conocer a Jesucristo como su Señor. Él quería estar unido a Cristo y ser conocido por eso, no teniendo ninguna justificación basada en su propia capacidad (véase Filipenses 3:8-9). Cuando hacemos esta transición desde confiar en nosotros mismos a confiar en Dios, disfrutamos una libertad y un tipo de descanso que nunca antes habíamos conocido.

¿Se está agotando intentando cuidar de usted mismo? Si es así, usted también puede poner fin a ese autocuidado y comenzar a disfrutar la vida de verdad. Dios quiere que dependamos totalmente de Él porque Él es el único de quien podemos totalmente depender para que nos cuide y nos dé lo que necesitamos. Todos somos bastante independientes, pero el Espíritu Santo trabaja en nosotros hasta que somos totalmente dependientes de Dios. Le sugiero que comience cada día recordando que necesita a Dios en todo lo que hace, y que sin Él no tendrá verdadero éxito. Dígale a Dios que le necesita y que escoge poner su confianza en Él en lugar de en sí mismo o en cualquier otra cosa. Esto le ayudará a ubicarse correctamente aún antes de comenzar su día.

Pablo habló de épocas en que sus tribulaciones eran tan intensas, que sentían que habían recibido sentencia de muerte, pero que eso era para impedir que confiaran en ellos mismos en lugar de confiar en Dios (véase 2 Corintios 1:8-9). A veces, Dios debe permitir que nuestros problemas sean mayores de lo que podemos manejar por nosotros mismos para que finalmente nos demos cuenta de nuestra necesidad de Él. Si ahora mismo usted siente que lo que está ocurriendo en su vida es más de lo que puede sobrellevar, no ve una salida, y no tiene ni idea de qué hacer, entonces está en un buen lugar. Usted sabe que lo único que puede hacer es confiar en Dios, y eso es exactamente lo que Él quiere. Dios nos quiere totalmente dependientes de Él. Jesús dijo: "Separados de mí no pueden ustedes hacer nada" (Juan 15:5). Nos lleva mucho tiempo entender completamente eso, y para ello, a menudo tenemos que atravesar muchas cosas difíciles y decepcionantes en nuestro camino desde la independencia a la total dependencia de Dios.

Vemos un buen ejemplo en la vida de Job. Job era una hombre piadoso, pero tenía problemas de autojustificación. Él pensaba tan alto de sí mismo que aún se atrevió o encontrar fallos en Dios. Dios permitió que llegara a su vida suficiente dificultad para que finalmente aprendiera que sólo Dios es completamente justo siempre. Job puso fin a su propia sabiduría y justicia, y finalmente dijo en respuesta a la confrontación de Dios: "He aquí que yo soy vil; ¿qué te responderé? Mi mano pongo sobre mi boca" (Job 40:4). Debemos entender completamente que Dios es todo y que no somos nada sin Él, y sólo entonces podemos recibir completamente todo lo que Él desea darnos. Por supuesto que Dios no quería que Job se sintiese mal consigo mismo, pero era necesario para llegar al convencimiento de que no era nada sin Dios, y ciertamente nunca más sabio que Dios en ninguna manera.

La vida intercambiada

Cuando entramos en una relación con Dios a través de Jesucristo, se nos ofrece una vida de intercambio. Le damos todo lo que somos y todo lo que no somos, y Él nos da todo lo que Él es. Le damos nuestro pecado y Él nos da su justicia, le damos nuestros temores e inseguridades y Él nos da su fe y su seguridad. Ser cristiano es mucho más que tener perdón de nuestros pecados e intentar ser buenos para poder ir al cielo cuando muramos. Es una vida gloriosa de libertad, amor, fe, justicia, esperanza, gozo y paz. Es una vida de logros y de llevar buen fruto a través de Jesús que le glorifica a Él.

Cuando somos inseguros, tratamos de hacer cosas buenas para poder sentirnos bien con nosotros mismos y ser admirados por la gente, pero cuando nuestra seguridad está en Cristo, hacemos lo que hacemos través de Él solamente. ¡Una vida en Cristo es una manera de vivir completamente nueva!

Libertad

Cuando nuestra seguridad se encuentra en Cristo y ya no sentimos que tenemos que actuar para poder para ser valiosos, somos liberados de muchos temores. Mientras tengamos miedos profundamente arraigados sobre nosotros mismos y sobre nuestro mérito y valía, tendremos temor en la mayoría de las áreas de nuestra vida. Saber quiénes somos en Cristo y aceptarnos y amarnos a nosotros mismos sólo porque Dios nos acepta y nos

> *Nuestro valor está en Cristo, no en lo que otras personas piensan de nosotros.*

ama es increíblemente hermoso. Cuando sabemos que somos débiles en nosotros mismos, entonces no esperamos algo de nosotros que no somos capaces de hacer. Yo sé que cometeré errores, que necesito ayuda de otras personas y de Dios, y que nada de lo que yo pueda hacer me traerá éxito en la vida a menos que Dios me dé su favor inmerecido. Debemos saber sin lugar a dudas que sin Cristo no somos nada y que en nosotros (nuestra carne) no habita nada bueno. ¡Somos inútiles sin Dios! Pero con Jesús, podemos hacer todo, somos fuertes en Él, aceptados en Él, hechos justos con Dios a través de Él, justificados en Él, y perdonados a través de Él. ¡Es una buena sensación no sentir la presión de impresionar a nadie! Nuestro valor está en Cristo, no en lo que otras personas piensan de nosotros.

La inseguridad produce temor, preocupación y ansiedad, pero la seguridad produce atrevimiento y valor. La inseguridad produce frustración, luchas, desasosiego y fatiga, pero la seguridad produce descanso, paz y gozo. La inseguridad produce una incapacidad para tomar decisiones, pero la persona segura es decidida. La inseguridad produce evitar a otros y el aislamiento, pero la seguridad produce amor, confianza y buenas relaciones.

La inseguridad es muy dura en la relaciones. Cuando una persona siente que continuamente tiene que intentar hacer a la otra persona sentirse bien consigo misma, eso roba su libertad. No puede ser sincera, y al final acaba tan agotada que puede sentir que mantener la relación no merece la pena por el trabajo que supone. Cuando estamos en una relación con una persona insegura, descubrimos que sus necesidades no son normales. Necesita una cantidad inusual de ánimo, y tenemos que estar continuamente con cuidado de no herir sus sentimientos. Aunque a todos nos gusta sentir que somos valiosos, cuando estamos seguros en Cristo obtenemos lo que necesitamos de Él. Su amor y aceptación nos hacen sentir especiales y valiosos aunque las personas no lo hagan.

La mayoría de nuestra infelicidad y frustración en todas las áreas de la vida pueden remontarse a nuestras propias inseguridades, pero afortunadamente tenemos la respuesta en Jesús.

Hacia adelante

Escoja un área de su vida en la que sienta inseguridad y ore sobre ella. Tome la decisión de entregarle sus temores a Dios y recibir su gracia para capacitarle para ser lleno de fe en esa área. Asegúrese de recordar que normalmente no vencemos un problema de la noche a la mañana, sino poco a poco. El Señor les dijo a los israelitas que Él derrotaría a sus enemigos poco a poco para que los animales salvajes del campo no se multipliquen entre ellos. Mi creencia personal es que "ese animal salvaje" es el orgullo. Al humillarnos a nosotros mismos bajo la poderosa mano de Dios, recibimos su gracia y experimentamos su libertad.

> *El Señor tu Dios expulsará a las naciones que te salgan al paso, pero lo hará poco a poco. No las eliminarás a todas de una sola vez, para que los animales salvajes no se multipliquen ni invadan tu territorio.*
>
> Deuteronomio 7:22

Lea, estudie y medite la Palabra de Dios sobre ser libre del temor y seguro en Él. Su Palabra renovará su mente, y el temor se transformará en fe y en valor. Dé los pasos de fe que Dios le muestre que tiene que dar aunque pueda todavía sentir algún temor, y según avance empezará a sentir cada vez más libertad. Por ejemplo, si quisiera solicitar un puesto que supondría un ascenso para usted en su compañía, pero estuviera demasiado inseguro y temeroso de hacerlo, dé el paso e inténtelo. Incluso si no consigue ese puesto, habrá tenido éxito en avanzar en fe, y eso es lo más importante.

Una de las claves del éxito es nunca abandonar. Incluso aunque no veamos ningún cambio después de haber orado, es vitalmente importante que continuemos creyendo en las promesas de Dios para liberarnos de una vida de temor. Cuando el Espíritu Santo me está sacando de la esclavitud a la libertad en cualquier área, a menudo digo que soy libre de algo aunque todavía no esté experimentando libertad en absoluto. Al hacerlo, estoy declarando mi creencia de que Dios y su promesa son mayores que mi problema, y que es sólo cuestión de tiempo el que experimente la plenitud de su libertad. Él nunca me ha fallado y nunca le fallará a usted tampoco. ¡Crea en su corazón, y a su tiempo verá con sus ojos! El gozo se libera en nuestras vidas a través de creer. Cuando escogemos creer la Palabra de Dios, recibimos gozo y paz, y eso nos ayuda a disfrutar de la vida mientras estamos esperando que se manifieste la plenitud de la promesa de Dios.

Estoy segura de que la idea de creer lo que no puede ver o sentir puede ser un poco extraña para usted a menos que ya haya aprendido este principio bíblico poderoso. Si es así, lo entiendo perfectamente. Vivimos en un mundo donde todo está basado en ver y sentir. El Reino de Dios opera según un principio completamente diferente, y como ciudadanos de su Reino, se nos requiere creer primero y ver después. Usted puede estar pensando: *Joyce, sencillamente no puedo hacer eso*, pero sé por experiencia que usted puede decidir creer lo que quiera si deja de permitir que sus pensamientos y emociones le gobiernen. La duda puede atacarle, pero usted puede ser como Abraham, de quien fue dicho: "Ante la promesa de Dios no vaciló [...]" (Romanos 4:20). ¡Usted puede dudar de sus dudas en lugar de creerlas!

Escoja creer ahora mismo que usted está de camino hacia disfrutar la completa libertad de toda su inseguridad. Está haciendo un viaje. No puedo decirle exactamente cuánto durará, pero sé que Dios es fiel y

> *¡Usted puede dudar de sus dudas en lugar de creerlas!*

sus promesas son para todos los que escogen creerlas. No tiene que vivir en la agonía del temor a no ser capaz o no ser aceptado, porque la verdad es que usted puede hacer todo lo que Dios quiere que haga a través de Jesucristo. La fuerza de Él es de usted si se humilla y la recibe.

CAPÍTULO 7

Mantenga sus ojos en el premio

¿No saben que en una carrera todos los corredores compiten, pero sólo uno obtiene el premio? Corran, pues, de tal modo que lo obtengan.

1 Corintios 9:24

Soy una persona muy orientada a las metas, y he aprendido que hay varias cosas muy importantes que necesito hacer para alcanzar una meta. Si usted tiene sueños para su vida, no ocurrirán simplemente porque usted quiera que ocurran, tendrá que hacer ciertas cosas. Si comparamos lograr nuestras metas con un corredor que corre una carrera para ganar, lo primero que yo creo que necesitamos hacer es entender que cada corredor tiene un estilo propio y diferente al correr. Para mí, eso significa que debemos ser nosotros mismos y no intentar copiar a nadie más. David quería matar a Goliat y, después de un tiempo de ir en contra de la idea, el rey Saúl finalmente le dijo a David que podría intentarlo, pero él quería que David llevara su armadura. David intentó ir con la armadura de Saúl, pero estaba incómodo y se dio cuenta de que no iba funcionar para él.

> *Luego Saúl vistió a David con su uniforme de campaña. Le entregó también un casco de bronce y le puso una coraza.*
>
> *David se ciñó la espada sobre la armadura e intentó caminar, pero no pudo porque no estaba acostumbrado.—No puedo andar con todo esto—le dijo a*

Saúl—; no estoy entrenado para ello. De modo que se
quitó todo aquello.

1 Samuel 17:38-39

Para alcanzar nuestras metas, usted y yo debemos seguir la
guía de Dios. La gente nos ofrecerá muchos consejos, y algunos
serán buenos, pero algunos no lo serán. O será un buen consejo pero simplemente no será
lo que funcionara para nosotros.
Dios nos ha creado como individuos únicos, y Él no nos guía a
todos de la misma manera. Así
que, si usted quiere ganar su carrera, necesitará encontrar su
propio estilo de correr o su propia manera de hacer las cosas.
Por supuesto que podemos aprender de otras personas, pero no
nos atrevamos a intentar copiarles a costa de perder nuestra
propia individualidad.

> Dios nos ha creado como individuos únicos, y Él no nos guía a todos de la misma manera.

Lo siguiente que debemos hacer para alcanzar nuestras
metas es mantener nuestros ojos en el premio. Después de que
Dios le dijo a Josué que iba a terminar de guiar a los israelitas a
la Tierra Prometida después de la muerte de Moisés, le dijo varias cosas muy importantes a Josué. En los primeros nueve versículos del capítulo 1 de Josué encontramos estas instrucciones:
Sé fuerte (valiente) y no desmayes; no te desvíes ni a derecha ni
a izquierda para que prosperes dondequiera que vayas; y continúa declarando y meditando la Palabra de Dios.

Y entonces, una vez más, a Josué se le dice que sea fuerte,
vigoroso y muy valiente, que no tema ni desmaye. Obviamente,
Dios le estaba advirtiendo que el temor iba a llegar, pero su
reacción debería ser "no temer". Quizá podría haber sentido
temor, pero no podía ceder ante él. Tenía que seguir hacia adelante sin importar cómo se sentía.

Si esta es la fórmula para el éxito, entonces deberíamos

prestar mucha atención. Dios ya había revelado planes para la entrada con éxito de los israelitas a la Tierra Prometida. Él dijo: "Tal como le prometí a Moisés, yo les entregaré a ustedes todo lugar que toquen sus pies" (Josué 1:3). Lo único que Josué necesitaba hacer era comenzar a caminar hacia la meta en fe y no abandonar hasta que hubiese completado su misión con éxito. Por supuesto que necesitaba ser valiente, atrevido, seguro y no tener temor si tenía que hacer eso, pero también se le dijo que mantuviera sus ojos en la recompensa y no mirase a izquierda ni a derecha. La declaración indica que tenía que mantener un enfoque fuerte en la meta para alcanzarla.

Todos tenemos circunstancias en nuestras vidas que nos pueden desviar y evitar que alcancemos nuestras metas si les prestamos demasiada atención. Haga lo que la crisis demande, pero no le preste atención excesiva. Mantenga sus conversaciones llenas de sus metas, no de sus problemas.

La Escritura nos enseña a desviar la vista de todo lo que nos distrae de Jesús, quien es el autor y consumador de nuestra fe (véase Hebreos 12:2). Creo que es Dios quien planta las metas, sueños y visiones en nuestro corazón, y necesitamos seguir su guía para verlas completadas. Nuestro enemigo, el diablo, busca evitar nuestro progreso proveyendo pruebas y problemas que nos distraerán si se lo permitimos. Me doy cuenta de que no podemos ignorar por completo nuestros problemas. Hay cosas que demandan nuestra atención y necesitamos atenderlas. Aprendamos a tomar nuestra responsabilidad y poner nuestra preocupación en el Señor. La mayoría de los problemas pueden manejarse bastante fácilmente si hacemos lo que podemos y decidimos no preocuparnos del resto. Debemos hacer lo que la crisis demanda y echar nuestra ansiedad en Dios (véase 1 Pedro 5:7; Efesios 6:13).

Le animo a que tenga el corazón de un finalizador. Tome

la decisión desde el principio de que alcanzará su meta, independientemente de lo difícil que sea o del tiempo que tarde. Mantener nuestros ojos en el premio hace que los tiempos difíciles sean más fáciles. Necesitamos creer que la recompensa vendrá si no nos damos por vencidos. Jesús soportó la cruz por el gozo del premio puesto delante de Él (véase Hebreos 12:2). "Soportar" significa sobrevivir o durar más que el problema. Cualquier problema que esté enfrentando ahora mismo finalmente pasará, así que mientras el problema aún le está gritando, mantenga sus ojos en su meta y mire adelante para ganar su carrera y la recompensa de la victoria.

Incluso cuando me canso mucho de ir al gimnasio tres veces por semana para levantar pesas y trabajar para tonificar mis músculos, pienso en lo mucho mejor que estoy y que me siento, y que mi ropa me sienta mejor cuando soy diligente en hacerlo. Mantener mis ojos en la recompensa me ayuda a alcanzar mi meta.

Cuando me canso de ser siempre responsable de algo, o de viajar y quedarme en hoteles y de tener *jet lag*, mantengo mis ojos en la recompensa de estar finalmente delante de Dios y escucharle decir: *"Bien hecho, buen siervo y fiel."* También recuerdo que hay mucha gente que todavía necesita conocer al Señor, y eso me ayuda a estar decidida a terminar mi carrera.

El mismo principio se aplica a su vida. Si usted está en deuda y su meta es estar libre de deuda, entonces debería mantener la recompensa en mente de lo maravilloso que será no tener ninguna deuda cuando se canse de ser disciplinado para no hacer compras que puede evitar. Cuando se canse de ir a trabajar cada día, piense en la recompensa de su sueldo y de ser capaz de pagar sus facturas y tener comida que comer.

Si está a dieta y cansado de no poder comer todo lo que quiere, mantenga sus ojos en la recompensa de ser capaz de

ponerse la ropa que esconde al final de su armario, esperando
que algún día se la pueda poner.

No tire sus sueños en un momento de desánimo o cansancio.
¡Mantenga los ojos en el premio!

> No tire sus sueños en un
> momento de desánimo
> o cansancio. ¡Mantenga
> los ojos en el premio!

No mire alrededor, ni abajo, ni atrás

La Palabra de Dios nos dice que no miremos a derecha ni a izquierda, y eso significa no mirar alrededor de nosotros. El profeta Isaías instruyó a la gente a no mirar a su alrededor en terror.

> *Así que no temas, porque yo estoy contigo; no te angus-*
> *ties, porque yo soy tu Dios [...].*
>
> Isaías 41:10

Si miramos alrededor, a nuestras circunstancias excesivamente, podemos terminar aterrados y desvanecidos, lo que
significa que sentimos que no hay salida o que no hay forma
de alcanzar nuestras metas. Con Dios siempre hay un camino,
¡porque Él es el camino!

La Palabra de Dios nos dice que miremos hacia arriba,
porque la redención se acerca (véase Lucas 21:28). Si vamos
a mirar arriba, eso significa que no deberíamos mirar hacia
abajo. Dios les dijo a Lot y a su esposa que no mirasen atrás
hacia Sodoma y Gomorra (véase Génesis 19:17). El apóstol
Pablo declara que lo más importante para él era quitar la vista
de lo que estaba detrás y ponerla en lo que quedaba por delante
(véase Filipenses 3:13). Espere con ganas las cosas buenas que
están por llegar; eso le alentará.

Pon la mirada en lo que tienes delante; fija la vista en lo
que está frente a ti.

Proverbios 4:25

Miramos a las cosas con nuestro pensamiento. Podemos mirar en cualquier dirección que decidamos; por tanto, ¿por qué no escogeríamos mirar a algo que nos mantenga alentados? Podemos imaginar y ver las cosas buenas por las que trabajamos aún antes de que podamos verlas con nuestros ojos naturales.

Dios también le dijo a Abraham que mirase hacia arriba. Abraham y Sara no tenían hijos, pero Dios le había dicho que haría de él una gran nación. ¿Cómo podría ser eso? Mientras esperaban, Abraham se quejó a Dios por no tener hijos. El Señor le dijo a Abraham que saliera de su tienda y mirara a las estrellas, y si podía contarlas, esos serían los descendientes que al fin tendría (véase Génesis 15:3-5). ¡Vaya! Abraham ni siquiera tenía un hijo, así que ¿cómo podría tener descendientes? Él y Sara necesitaban un milagro porque sin eso no había esperanza de que tuvieran un hijo. Estoy segura de que la fe de Abraham fue probada y él sintió miedo cuando miró a su propio cuerpo, que era incapaz, y la fe de Sara también, que también era muy mayor para tener hijos. Él estaba en su tienda, probablemente cansado de mirar a sus circunstancias, y Dios le sacó fuera de su tienda y le dijo que mirase arriba en lugar de mirar alrededor a sus circunstancias.

Creo que hay una importante lección en este ejemplo. A veces, podemos sencillamente salir de casa y dar un corto paseo y las cosas se verán mejor. Cuando esté cansado y perdiendo de vista sus metas, salga y tome un café con algún amigo o amiga; y hágalo con alguien que sea un animador. Demasiado a menudo las pequeñas cosas pueden marcar una gran diferencia. No se desanime al contemplar sus problemas. Mirémoslos de reojo, ¡pero fijemos nuestra mirada en Jesús!

A veces necesitamos alejarnos de las circunstancias y obtener una visión fresca. Mirar a las estrellas a menudo nos recuerda la grandeza de Dios. Haga lo que necesite para mantener una visión fresca de sus metas. Corra su carrera para ganar y mantenga sus ojos en el premio.

Tenga el corazón de un finalizador

Es fácil comenzar algo nuevo. Cuando algo es nuevo, es emocionante, y al principio no tenemos ni idea de cuánto tiempo nos llevará o cuan difícil será todo el camino hacia la meta. Ya no me emociono sólo porque la gente me cuenta algo nuevo que está comenzando. Les animo, pero no supongo que terminarán sólo porque han empezado. Tristemente, por mi experiencia he visto que hay muchas personas que tienen una gran idea, una meta, un sueño, y ellos comienzan pero en algún punto del camino se dan la vuelta. El camino se hace difícil y es largo, así que abandonan y esperan a que llegue algo más fácil. Creo que usted puede ser un finalizador, ¡pero tendrá que ser decidido! Quiero animarle a mentalizarse y proponerse terminar su carrera y obtener la recompensa.

Ahora bien, no quiero parecer desalentadora o negativa por lo que voy a decir, pero la mayoría de las cosas toman más tiempo de lo que pensábamos que iban a tomar, son más difíciles de lo que habíamos imaginado y cuestan más de lo que habíamos planeado. Incluso si somos soñadores, debemos mirar a las cosas de forma realista. Jesús les dijo a los que estaban planeando construir un edificio que primero calcularan el costo para ver si tenían lo que se necesitaba para terminar.

Supongamos que alguno de ustedes quiere construir una
torre. ¿Acaso no se sienta primero a calcular el costo,

para ver si tiene suficiente dinero para terminarla? Si
echa los cimientos y no puede terminarla, todos los que la
vean comenzarán a burlarse de él, y dirán: "Este hombre
ya no pudo terminar lo que comenzó a construir".

Lucas 14:28-30

Es importante para todo el mundo tener el corazón de un finalizador, pero creo que es especialmente importante para los hijos de Dios. Después de todo, le representamos a Él, y Él siempre termina lo que comienza. ¿Hay algo en su vida que está tentado a abandonar? Si lo hay, le pido que lo reconsidere. Ore y pregúntese si Dios quiere que lo deje, y a menos que esté seguro de que es así, le recomiendo que no abandone. La única razón por la que debiéramos abandonar alguna vez es si nos damos cuenta de que en algún lugar del camino no estamos haciendo lo que Dios quiere que hagamos.

No deje que el temor a las circunstancias o el cansancio del paso del tiempo hagan que abandone. Puede estar cansado de esperar, pero quiero sugerirle que seguir hacia adelante es mucho mejor que volver atrás.

> Seguir hacia adelante es mucho mejor que volver atrás.

Los israelitas a menudo quisieron volver a Egipto porque las cosas que encontraron les asustaron y no eran fáciles, pero finalmente algunos de ellos sí llegaron a la Tierra Prometida. Algunos de ellos terminaron su carrera y ganaron el premio. No fueron todos, sino aquellos que tenían corazón de finalizador.

La insatisfacción de abandonar

Jesús dijo que Él encontraba satisfacción en hacer la voluntad de su Padre y terminar su trabajo (véase Juan 4:34). Me pregunto cuántas personas en el mundo están insatisfechas sólo porque abandonaron sus sueños. No deberíamos ser personas que son derrotadas fácilmente. Realmente creo que si permanecemos cerca de Dios, podemos atravesar las cosas que se nos oponen. Él nos da la gracia (poder del Espíritu Santo) para hacer lo que necesitamos hacer en la vida. No tratemos simplemente de avanzar a través de las dificultades en nuestras propias fuerzas carnales, sino aprendamos a ser totalmente dependientes de Dios. Él da gracia a aquellos que son lo suficientemente humildes para recibirla, pero si queremos intentarlo por nosotros mismos, Él esperará a que agotemos nuestros propios esfuerzos.

Sólo podemos encontrar verdadera satisfacción en hacer la voluntad de Dios. La gente a menudo me pregunta cuándo me voy a retirar, y lo encuentro una pregunta extraña. Nunca he considerado el retirarme porque no sé cómo uno puede retirarse de un llamado que Dios ha puesto en su vida. Cambiaré cómo hago las cosas para obtener el descanso que necesite según avance mi edad, pero no planeo abandonar. ¡Estoy decidida a terminar mi carrera! Quiero que Dios esté orgulloso de mí, y quiero obtener mi recompensa completa cuando cruce la línea de meta.

Lea lo que Jesús dijo sobre el terminar:

> *Yo te di la gloria aquí en la tierra, al terminar la obra que me encargaste.*
>
> Juan 17:4

Jesús pidió su premio, por así decirlo, cuando pidió ser glorificado. Él quería volver a la gloria anterior que tenía antes de venir a la tierra a pagar por nuestros pecados (véase Juan 17:5). Claramente dijo que Él calificaba para el premio porque había terminado la obra para la que fue enviado. Él dijo esto porque tenía corazón de finalizador, incluso aunque no había muerto en la cruz todavía ni había resucitado de los muertos. No había ninguna idea de abandono en absoluto. Él todavía tenía que pasar por muchas cosas difíciles, y estoy segura de que sentía todos los temores que nosotros experimentamos, y aun así sabía que terminaría.

El ejemplo de Jesús nos reta y nos inspira a ser finalizadores nosotros también. No importa lo difícil que parezca nuestra tarea, podemos tener el corazón de un finalizador porque el mismo Espíritu que levantó a Cristo de los muertos mora dentro de nosotros (véase Romanos 8:11). Permítame animarle a preguntarse: "¿Me he propuesto en mi mente terminar?". Si la respuesta es no, ¿por qué no hacerlo ahora mismo? Hoy, y cada día que pase, ore que usted sea la clase de persona que siempre termina lo que comienza.

Obstáculos

Dios no quita cada obstáculo que podría evitar que terminásemos nuestra carrera y obtuviésemos nuestro premio; de hecho, hay veces en que Él pone obstáculos en nuestro camino para probar y fortalecer nuestra fe. Somos fortalecidos al tratar dificultades, pero si huimos de todas ellas, nunca creceremos ni nos fortaleceremos en la fe y en nuestras habilidades.

Una mariposa

Un hombre encontró un capullo de mariposa. Un día apareció en él una pequeña apertura. Él se sentó y observó a la mariposa durante varias horas según luchaba para forzar su cuerpo a través del pequeño agujero. Entonces pareció que dejó de hacer progreso alguno. Parecía como si hubiese llegado tan lejos como podía y ya

*no pudiese avanzar más. Entonces el hombre decidió
ayudar a la mariposa.*

Tomó unas tijeras y recortó lo que faltaba del capullo.
La mariposa entonces emergió fácilmente. Algo era extraño. La mariposa tenía el cuerpo hinchado y las alas
arrugadas. El hombre continuó observando a la mariposa porque esperaba que en cualquier momento las alas
se extenderían y crecerían para ser capaces de soportar
el cuerpo que se contraería a tiempo. Ninguna de las dos
cosas ocurrió. De hecho, la mariposa pasó el resto de
su corta vida arrastrándose alrededor con el cuerpo hinchado y sus alas deformadas. Nunca fue capaz de volar.

Lo que el hombre en su bondad y en su apuro no entendió fue que el confinamiento en el capullo y el esfuerzo
requerido por la mariposa para salir a través de la pequeña apertura del capullo son el diseño de Dios de forzar
la salida de líquidos del cuerpo de la mariposa a sus alas
para que pueda estar lista para volar una vez que consiga
su libertad del capullo. A veces, las dificultades son exactamente lo que necesitamos en nuestras vidas.

Si Dios nos permitiese ir durante toda la vida sin
ningún obstáculo, nos lisiaría. No seríamos tan fuertes
como podríamos haber sido. Muchas veces nuestros obstáculos son lo que Dios usa para darnos la fuerza para
volar, mientras rehusemos abandonar cuando parece no
haber por donde continuar. Puede enfrentar sus temores
y vencerlos, y cuando lo haga, a menudo encontrará que
se convierten en una bendición.

La Palabra de Dios dice en Romanos 8:37 que somos
más que vencedores. Para mí eso significa que escogemos creer que podemos superar cualquier cosa que se
interpone en nuestro camino con la ayuda de Dios. Es

increíblemente liberador y bueno confiar en que podemos superar los problemas aún antes de que los tengamos.

¿Tiene usted miedo a cosas que aún no han ocurrido? Si es así, no tiene razón para tenerlo, pues puede adoptar la actitud de un vencedor. Puede reemplazar esos miedos por una actitud segura que dice: "No importa lo que venga a mi camino, puedo enfrentarlo y superarlo con la ayuda de Dios". ¿Quiere decidir hoy tener la actitud de un vencedor? Si tiene esta seguridad, puede vivir sin permitir que el temor gobierne sus decisiones en la vida. Esta actitud segura elimina el miedo en nuestras vidas y eso nos hace libres del temor. El temor siempre comienza con un sentimiento de miedo y un retroceso ante las dificultades en lugar de avanzar valientemente. El miedo es "el bebé temor". No ha crecido del todo, pero se convertirá en temor adulto si lo alimentamos con los pensamientos y actitudes incorrectos. Resista al diablo al inicio rechazando hasta los miedos pequeños y reemplazándolos por una actitud que declara: "Todo lo puedo en Cristo que me fortalece" (véase Filipenses 4:13).

Siempre recuerde: no mire a derecha ni a izquierda, no mire atrás, no mire hacia abajo en desánimo o desesperanza, sino mire hacia arriba y de antemano a la recompensa que espera a aquellos que recorren todo el camino hasta el cumplimiento final de sus sueños.

CAPÍTULO 8

El poder creativo del temor y de la fe

"¡Ve! Todo se hará tal como creíste[...]".

Mateo 8:13

Ambos, temor y fe, tienen poder creativo. Por fe, Dios creó el mundo en el que vivimos. Por fe, Sara concibió y dio a luz un hijo aunque era demasiado mayor para ello. Muchas personas han hecho cosas aparentemente imposibles por fe. Han recibido vigor más allá de su capacidad natural, como cuando Sansón mató a mil hombres con una quijada de un asno (véase Jueces 15:16). La historia nos cuenta de aquellos que creyeron en Dios y que fueron quemados en la hoguera mientras cantaban alabanzas a Dios. Yo, por mi parte, no sé cómo eso sería ni remotamente posible sin una fe fuerte en Dios. Sé con seguridad que no era el temor lo que les hacía cantar mientras eran quemados.

La fe es apoyarse completamente en Dios en absoluta confianza y seguridad en su poder, sabiduría y bondad (véase Colosenses 1:4). La fe cree que algo bueno va a ocurrir. Cree que Dios puede hacer lo que sería imposible para el hombre. La fe tiene poder creativo.

La fe cree lo que todavía no puede ver. Cree en su corazón, no con sus ojos. Usted puede escoger creer en su corazón que algo hermoso está apunto de ocurrir. Crea que el poder de Dios está en usted y que no tiene nada que temer porque Él ha prometido estar con usted siempre. Levántese cada mañana con entusiasmo por su día. Puede que no se despierte cada día sintiéndose especialmente entusiasta (sé que yo no lo hago), pero podemos decidir creer y esperar buenas cosas, y tan pronto como lo hacemos, el entusiasmo comienza a llenar nuestra alma.

Usted puede hacer algo que nadie más en la tierra puede hacer exactamente de la misma manera que usted puede hacerlo. Celebre su singularidad y explore el potencial de cada día. No desperdicie su día retrocediendo con temor en la vida, porque el presente es todo lo que en realidad tenemos. Esté abierto a todas sus posibilidades y, sobre todo, ¡siempre crea en los milagros!

¿Cree usted?

Un día, una niña de seis años estaba sentada en un salón de clases. La maestra iba a explicar la evolución a los niños. Preguntó a un niño si él podía ver la hierba verde afuera. "Sí, maestra, veo la hierba". El nombre del niño era Tommy, de modo que la profesora dijo: "Tommy, ve afuera y mira a ver si puedes ver el cielo. Él regresó en unos minutos: "Sí, vi el cielo". La maestra preguntó: "¿Viste a Dios?". "No, maestra, no vi a Dios". La maestra dijo: "Bien, clase, eso es lo que quiero decir. No podemos ver a Dios porque no está ahí".

Una niña levantó la voz y quiso saber si ella podía hacerle algunas preguntas al niño. La maestra estuvo de acuerdo, y la niña preguntó: "Tommy, ¿ves el árbol afuera?". Él respondió: "Sí, veo el árbol". Ella preguntó: "Ves la hierba?". Él dijo: "Sí, veo la hierba". "¿Ves el cielo? ¿Ves a la maestra?". Tommy dijo: "Síííí", y su tono de voz indicó que estaba cansado de responder preguntas. La niña finalmente preguntó: "¿Puedes ver el cerebro de la maestra?". Tommy dijo; "No, no veo su cerebro". La niña dijo: "Entonces, de acuerdo a lo que nos han enseñado hoy eso significa que ella no debe de tener cerebro". Caminamos por fe y no por vista (véase 2 Corintios 5:7).

Me aventuraría a decir que la niña de seis años era más sabia y probablemente tenía más gozo que la maestra. Si sólo somos capaces de creer lo que vemos con nuestros ojos naturales, nos falta verdadera visión y no tenemos capacidad de soñar. No tenemos fe, y donde no hay fe, el temor siempre gobernará y atormentará.

> *Si sólo somos capaces de creer lo que vemos con nuestros ojos naturales, nos falta verdadera visión y no tenemos capacidad de soñar.*

Igual que creo que la fe tiene poder creativo, también creo que el temor tiene poder creativo. El temor cree que algo malo va a pasar, y vemos una y otra vez que si una persona constantemente cree que algo horrible pasará, entonces normalmente ocurre. Miremos el ejemplo de personas que tienen fobias concernientes a gérmenes y enfermedades. Continuamente tienen miedo de enfermar, y entonces el estrés de su creencia negativa a menudo les enferma. Bastante frecuentemente he sido testigo de alguien que experimenta un problema y después le oigo decir: "Temía que eso iba a ocurrir" o: "Sabía que ocurriría". ¡Ya tenían planeado el problema antes de que ni siquiera lo tuvieran! Algunas personas tienen miedo de que perderán su trabajo y lo hacen, otros tienen miedo de que se quedarán solos toda su vida y terminan de esa manera. Un estudiante puede tener miedo de que suspenderá un examen en la escuela y ocurre. Yo he hecho lo mismo en el pasado, pero gracias a Dios, Él me ha enseñado a esperar buenas cosas en lugar de malas.

El temor bloquea totalmente nuestra creatividad y somos

inhabilitados para hacer lo que bien somos capaces de hacer. El estudiante que suspende el examen por el temor puede que conociera bien el material, pero el temor le incapacitó. El empleado que tenía miedo de perder su trabajo pudo haber dejado que el temor le incapacitase para hacer un buen trabajo, y su jefe le hizo irse. Las personas que tienen miedo de quedarse solas y ser rechazadas no se dan cuenta de que su temor les hace comportarse de una manera que causa que la gente esté incómoda cerca de ellas. Pueden incluso ser antipáticos, lo que evita que otros sean amigables con ellos, y esto es debido a su temor a ser rechazados.

No estoy diciendo que cada vez que el temor se presenta a nosotros estamos en peligro de que algo malo ocurra, pero creo que si una persona constantemente cree y habla de que cosas malas van a ocurrir, bien puede estar liberando el poder creativo para que ocurran.

Después de que ocurriesen muchas cosas difíciles y dolorosas en su vida, Job dijo…

> *Lo que más temía, me sobrevino; lo que más me asustaba, me sucedió.*
>
> Job 3:25

Según la Biblia, nuestras palabras tienen el poder de la vida y de la muerte (véase Proverbios 18:21). Esto es una verdad que definitivamente no debemos ignorar. Si usted y yo podemos declarar vida a otros, a nosotros mismos y a nuestro futuro, ¿por qué querríamos declarar muerte? No queremos realmente, pero debido a que somos engañados sobre el poder de nuestras palabras, abrimos nuestra boca y declaramos todos nuestros pensamientos y emociones sin darnos cuenta de lo que estamos haciendo y del poder que esas palabras tienen.

Si los individuos tienen miedo, entonces de su boca saldrán

cosas temerosas, y esas palabras pueden afectar negativamente a sus vidas. Los pensamientos y las palabras de temor bloquean nuestra habilidad de oír a Dios, y podemos caer en el camino del daño sólo porque no estamos actuando sabiamente. Necesitamos ser guiados por el Espíritu de Dios y caminar en su sabiduría. Para hacer eso necesitamos fe, no temor. Recibimos todo de Dios sólo por fe, y así mismo podemos recibir las cosas negativas y malas que Satanás ha planeado para nosotros a través del temor. Me doy cuenta de que la mayoría de personas prefieren ni siquiera pensar sobre el diablo, y mucho menos creer que está vivo en el planeta tierra y tiene la habilidad de influenciar nuestras vidas negativamente. Con seguridad seremos derrotados si no conocemos a nuestro enemigo. Hay muchas escrituras que nos enseñan sobre la realidad y la obra de Satanás (el diablo):

Practiquen el dominio propio y manténganse alerta. Su enemigo el diablo ronda como león rugiente, buscando a quién devorar. Resístanlo, manteniéndose firmes en la fe, sabiendo que sus hermanos en todo el mundo están soportando la misma clase de sufrimientos.

1 Pedro 5:8-9

Así que sométanse a Dios. Resistan al diablo, y él huirá de ustedes.

Santiago 4:7

Estas dos escrituras dejan claro que necesitamos resistir a Satanás y que sólo podemos hacerlo a través de la fe. Si permitimos que el temor gobierne en nuestras vidas, le estamos dando al diablo una oportunidad de obrar. Se nos enseña a ser cautelosos siempre y a estar vigilantes en nuestra resistencia al diablo, y eso incluye resistir agresivamente el temor.

No podemos ser pasivos porque, si lo somos, se aprovecharán de nosotros. Podemos resistir al temor, y no es difícil hacerlo una vez que hemos aprendido a caminar en fe en todo tiempo. En cada situación, podemos escoger creer la Palabra de Dios en lugar de los pensamientos o emociones de temor que son provocados por Satanás. Recuerde que según la Palabra de Dios: "no nos ha dado Dios espíritu de cobardía, sino de poder, de amor y de dominio propio" (2 Timoteo 1:7, RVR60).

El engaño

Así fue expulsado el gran dragón, aquella serpiente antigua que se llama Diablo y Satanás, y que engaña al mundo entero.

Apocalipsis 12:9

Satanás es un engañador. El libro de Apocalipsis nos habla del momento en que Satanás será echado fuera y derrotado, pero por ahora todavía sigue engañando a la gente. En el diccionario *Vine's Greek Dictionary*, la palabra "engaño" se define como *jugar sucio, algo que da una impresión falsa, ya sea por apariencia, clase o influencia.* Los sentimientos y pensamientos de temor dan una impresión falsa. Recibimos, como realidad probable, algo malo que no existe. El temor está lleno de pensamientos: "¿qué pasa si…?", y las imágenes mentales que nos formamos no son nunca nada agradables.

La Biblia menciona el engaño en conexión con muchas cosas. Por ejemplo, habla del engaño de las riquezas. Muchas personas piensan que su seguridad está en sus riquezas, y entonces se vuelven miedosos a perderlas.

Satanás también intenta embaucarnos en el autoengaño, y se dice que es un pecado en contra del sentido común. El autoengaño lleva a una persona a pensar más alto de sí misma de lo que debería, y eso le puede privar de ser totalmente dependiente de Dios. El autoengaño puede llevarnos a ser tan autosuficientes que tenemos miedo a confiar en nadie o en nada excepto en nosotros mismos. También somos engañados cuando pensamos que Dios nos acepta por nuestras buenas obras. Es nuestra fe en Jesús lo que nos hace aceptables ante Dios, y no que guardemos todas las reglas y las leyes de la religión. Si pensamos que debemos guardar todas las normas para ser aceptados, el resultado de ese engaño es que nos volvemos miedosos al enojo de Dios cuando no las guardamos y cuando no nos comportamos de manera perfecta. Creo que con seguridad podemos decir que todo engaño lleva al temor de alguna u otra forma, lo cual es, por supuesto, el objetivo principal de Satanás.

Vencer al temor con la fe

La fe es el único antídoto verdadero para el temor. Si una persona toma veneno involuntariamente, tan pronto como se da cuenta o comienza a sentir síntomas adversos, busca el antídoto. Un antídoto tiene la capacidad de revertir algo dañino. El temor es dañino, y tan pronto como sintamos sus efectos adversos, debemos inmediatamente volver a la fe. Siempre podemos vencer al temor con la fe. Identificamos el temor y continuamos adelante con Dios, sabiendo que nuestra fe en Él es mayor y producirá resultados mucho mejores que el temor.

> *Siempre podemos vencer al temor con la fe.*

El temor tiene síntomas. Nos pone tensos y nerviosos; no podemos relajarnos o disfrutar nada de lo que estamos haciendo. Si yo estaba en una fiesta, pero tenía miedo de caer mal a algunas de las personas que estaban allí, entonces no era capaz de relajarme y disfrutar. Esa era una reacción leve comparada con algunas de las experiencias de las que he oído. Las personas pueden tener síntomas físicos tan intensos a causa del temor, que necesitan ir al hospital al sentir que no pueden respirar o que están sufriendo un ataque al corazón. Este tipo de reacción se llama ataque de pánico o de ansiedad. Algunas personas tienen estos ataques, y a menos que estén causados por un desequilibrio químico en su cuerpo, de alguna u otra forma siempre están relacionados con el temor. A menudo, la raíz es difícil de localizar porque el temor puede deberse a algo que les ocurrió en su infancia y que ellos han bloqueado de su conciencia y que no pueden ya recordar.

Otros síntomas de temor pueden incluir retroceder ante un reto en lugar de enfrentarlo valientemente. Sentirse incapaz en lugar de capaz. Apegarse siempre a cosas que son familiares en lugar de lanzarse a algo que sea aventurero o nuevo. Hay una larga lista de síntomas físicos que se podrían experimentar también. El temor tiene síntomas devastadores y peligrosos, pero tenemos el antídoto, ¡y es la fe en Dios!

Usted no está solo

¡Usted no está solo! Dios está con nosotros, y debido a eso podemos conquistar el temor. Dios asigna ángeles a cada uno de nosotros para que nos cuiden y nos protejan, y tenemos al Espíritu Santo con nosotros y dentro de nosotros en todo momento.

> *Y ustedes no recibieron un espíritu que de nuevo los esclavice al miedo.*
>
> Romanos 8:15

¡El Espíritu Santo es nuestra compañía constante! Eso me hace sentir segura, y oro que a usted también. Creo que algo importante es darnos cuenta de que no estamos solos. Porque honestamente, bastante a menudo nos sentimos solos. Pensamos que nadie nos entiende o que no entienden nuestros problemas, y que no hay nadie que pueda ayudarnos. La soledad que sentimos a veces alimenta los sentimientos de temor.

Cuando Jesús estaba siendo tentado por el diablo durante cuarenta días y noches en el desierto, los ángeles venían y le ministraban continuamente (ver Marcos 1:13). Cuando sufría y enfrentaba su momento más difícil en Getsemaní, fue fortalecido por un ángel (véase Lucas 22:43), y fue capacitado para perseverar en el plan de su Padre celestial. A lo largo de toda la Escritura vemos a los ángeles ministrando y estando con el pueblo de Dios. Quizá necesitamos ser más conscientes de que tenemos ángeles ministradores y guardianes con nosotros en todo momento.

> *Porque él ordenará que sus ángeles te cuiden en todos tus caminos.*
>
> Salmos 91:11

Tenemos una promesa de Dios de que al obedecer y servirle, no sólo Él mismo estará con nosotros, sino que también dará a sus ángeles un cargo especial sobre nosotros. Deberíamos ser más conscientes y alertas de su promesa y quizá incluso decir en voz alta varias veces al día en nuestros momentos a solas: "¡Tengo ángeles aquí conmigo ahora mismo!".

Escuché una historia sobre una chica que estaba nadando en el mar cuando se metió en una zona de oleaje y se dio cuenta de que estaba en apuros terribles. Estaba demasiado lejos para que nadie la alcanzara, y sus amigas observaban desde la orilla cómo ella intentaba salvarse. De repente, un hombre muy alto apareció en el agua a su lado, de pie sobre el agua, no nadando en ella. Él la cargó en sus brazos y, caminando sobre el agua, la llevó a la orilla y la dejó allí sentada. Sus amigas corrieron hacia ella en primer lugar para asegurarse de que estaba respirando, y unos segundos después cuando buscaron al hombre, se había ido. Ellas estaban seguras de que habían visto un ángel.

También escuché de una mujer que iba conduciendo por la carretera pensando en su hija que había muerto recientemente, cuando oyó su neumático estallar. Ella se detuvo y salió del auto para evaluar la situación, y se dio cuenta de que estaba muy lejos de cualquier ayuda posible. Al mirar al frente, vio un hombre a la distancia viniendo hacia ella y rodando un neumático. Él dijo: "He sido enviado para ayudarla". Él cambió su rueda y según se alejaba, se dio la vuelta y le dijo: "Jenny está bien y no tiene que preocuparse más por ella". Jenny era su hija que había muerto. Sin duda, la visita que fue enviada para ayudar era un ángel.

Hay literalmente miles y miles de historias como estas, y es muy emocionante y reconfortante darse cuenta de que en verdad no estamos solos. Dios envía a sus ángeles para ayudarnos de muchas maneras que probablemente no identificamos.

> *¿No son todos los ángeles espíritus dedicados al servicio divino, enviados para ayudar a los que han de heredar la salvación?*
>
> Hebreos 1:14

Quizá, como yo, no esté seguro de haber visto alguna vez un ángel, pero podemos y debemos tener la fe para creer que están con nosotros sencillamente porque la Palabra de Dios dice que lo están.

No deje que el temor le detenga

Ya he establecido que todos sentiremos temor en varias etapas de nuestras vidas, pero no tenemos que dejar que nos detenga. No tenemos por qué obedecerlo. Saber que nunca estamos solos, sino que de hecho tenemos ayuda divina con nosotros en todo momento, debería alentarnos a hacer lo que necesitemos y queramos hacer, incluso si tenemos que "hacerlo aunque sea con miedo".

PARTE 2

El temor se manifiesta de muchas formas. De hecho, tendríamos dificultad en contar todas las maneras que el temor encuentra para estorbar y atormentar a las personas. En la parte 1 he intentado dar entendimiento sobre lo que es el temor, de dónde viene, cuál debería ser nuestra actitud hacia él y cómo podemos resistirlo y vencerlo.

En esta segunda parte, quiero hablar sobre algunos de los temores más importantes que la gente experimenta. Puede que usted enfrente un temor que no está cubierto en el libro, pero las herramientas que necesita para derrotarlo son las mismas que para cualquier otro temor. La mejor actitud que puede tener hacia el temor es: "No temeré y haré lo que necesito o quiero hacer, ¡incluso si tengo que hacerlo aunque sea con miedo!".

CAPÍTULO 9

El temor a la carencia

Conténtense con lo que tienen, porque Dios ha dicho: "Nunca te dejaré; jamás te abandonaré".

Hebreos 13:5

El temor a la carencia, como el temor a no tener lo necesario, posiblemente sea uno de los mayores temores que enfrentan las personas. Tenemos una necesidad inherente de preservación, y pasamos gran parte de nuestro tiempo en la vida ocupándonos de nosotros mismos y de nuestros seres queridos. Si pensamos que puede que no estemos siendo cuidados, es fácil dejar que el temor llene nuestros pensamientos, palabras y emociones, pero no tenemos que hacerlo. Como creyentes en Jesucristo, tenemos el privilegio de poder poner nuestra fe en que Dios supla todas nuestras necesidades. Y cuando hacemos eso, la fe conquistará al temor. La Palabra de Dios nos enseña que cuando busquemos al Señor, ninguno de nosotros tendrá falta de ninguna cosa buena (véase Salmos 34:10). No habrá carencia para quienes verdaderamente le reverencian y le adoran.

Teman al Señor, ustedes sus santos, pues nada les falta a los que le temen.

Salmos 34:9

¿Se ha enfrentado a momentos en que se preguntaba si Dios realmente intervendría para satisfacer sus necesidades? Yo lo he hecho, y ahora que estoy al otro lado de esos momentos, puedo asegurarle que Dios es fiel. Es siempre bueno estar al otro lado de la dificultad, pero eso no parece ayudarnos mucho cuando estamos atravesando esa dificultad. Al menos no hasta que hayamos pasado por varias cosas y hayamos experimentado la fidelidad de Dios. Entonces, y solamente entonces, podemos desarrollar una fe fuerte que vencerá el temor a la carencia en nuestras vidas.

Vivimos la vida mirando hacia adelante, pero la entendemos mirando hacia atrás. Yo puedo echar la vista atrás ahora y ver que la mayoría de las cosas realmente difíciles que pasé en la vida finalmente han obrado para mi bien y me han ayudado a ser la persona que soy en la actualidad. En aquel momento pensaba que me matarían, como piensa la mayoría de ustedes, pero sigo estando viva y me va bien. Mis problemas no sólo no me mataron, ¡sino que me hicieron más fuerte!

Puede que no siempre consigamos lo que queremos, pero Dios siempre proveerá lo que necesitamos. Él sí nos da los deseos de nuestro corazón si esos deseos están en consonancia con su voluntad para nosotros. A veces me encuentro sintiendo miedo de no obtener lo que quiero, o de que las cosas no resultarán del modo en que yo quiero, y entonces recuerdo que los caminos de Dios son mejores que los míos y confío en que Él hará lo que sea mejor para mí.

> Puede que no siempre consigamos lo que queremos, pero Dios siempre proveerá lo que necesitamos.

Un paso de fe

Cuando sentía que Dios me llamaba a enseñar su Palabra, sabía que necesitaría mucho tiempo para estudiar y prepararme antes de poder ser capaz de ayudar a muchas personas. La preparación es muy importante, y es algo que debemos hacer si esperamos ser buenos en lo que hacemos. Yo era una joven esposa y madre de tres hijos en ese momento, y tenía un trabajo a jornada completa, de modo que eso me dejaba con muy poco tiempo para hacer nada. Cocinaba, limpiaba, iba a la compra, iba a reuniones de Girl Scout, reuniones con maestros, ayudaba con las tareas de la escuela, iba a la iglesia, era voluntaria en la iglesia en diversos comités y eventos, y la lista continuaba.

Finalmente, llegué a creer que Dios me estaba guiando a dejar mi trabajo a fin de poder prepararme para lo que había llegado a creer que sería un futuro en el ministerio. Sin embargo, había un problema: nuestras facturas sumaban más que los ingresos de Dave, así que si yo dejaba mi trabajo, no tendríamos dinero suficiente ni siquiera para pagar las facturas, y menos aún nada extra para todas las cosas inesperadas que surgen en la vida. Yo tenía miedo a dar un paso en fe y hacer lo que creía que debía hacer.

Me pregunto: ¿Cuántos de ustedes se están enfrentando a una situación como esa en su vida en este momento? Quizá muchos; espero que mi historia les dé la valentía para "dar el paso y descubrir" lo que aguarda el futuro.

Me gustaría decir que yo di un paso de fe valientemente sin vacilación, pero ese no fue el caso. Esperé y esperé, y finalmente acepté un trabajo a tiempo parcial; entonces me despidieron de mi trabajo a tiempo parcial. Debe entender que yo trabajaba muy duro y no era el tipo de empleada a la que despiden. Dios me estaba dirigiendo a dejar mi trabajo y confiar totalmente en Él, pero yo di un sacrificio en lugar de obediencia, lo cual se equipara a desobediencia. Sí dejé un trabajo de 40 horas por semana, pero seguía trabajando dos días y medio por semana para así poder ocuparme de mí misma y sentir confianza en que tendría suficiente dinero. Decía que confiaba en Dios, pero no estaba confiando "completamente" en Él, y eso era lo que Él necesitaba de mí.

Cada mes nos faltaban 40 dólares para tener dinero suficiente para pagar nuestras facturas, y Dios me estaba pidiendo que confiase en Él, pero yo tenía muy poca experiencia en hacer eso, de modo que la idea misma me daba mucho miedo. Ahora entiendo que si no hubiera obedecido a Dios entonces, no estaría haciendo lo que hago en la actualidad. Tenía que confiar en Dios para tener 40 dólares al mes antes de poder confiar en Él para tener los millones necesarios en la actualidad para llegar a todo el mundo mediante la televisión y otros medios con el evangelio de Jesucristo. Yo quería hacer algo grande, ¡pero no estaba dispuesta a hacer algo pequeño! Las personas así nunca tienen éxito. Solamente cuando somos fieles en las pequeñas cosas, es cuando Dios finalmente puede hacernos gobernar sobre mucho (véase Mateo 25:21).

> *Solamente cuando somos fieles en las pequeñas cosas, es cuando Dios finalmente puede hacernos gobernar sobre mucho.*

Cuando me despidieron del trabajo a tiempo parcial, entendí que Dios iba en serio, y no busqué otro empleo. Comencé mi viaje de confianza en Dios para que supliera todas nuestras necesidades económicas, y sabía que eso significaba que necesitaría experimentar milagros regularmente. Dios hizo cosas sorprendentes por nuestra familia durante un periodo de seis años mientras yo enseñaba dos pequeños estudios bíblicos en casa, y continuaba estudiando en cada oportunidad que tenía. Las cosas que Dios hacía parecerían pequeñas para la mayoría de personas, y quizá en su mente no se calificarían como "estatus de milagro", pero para nosotros fueron milagros. Y a medida que veíamos la fidelidad de Dios, eso nos ayudaba a desarrollar una relación íntima con Él.

Déjeme decir rápidamente que no estoy sugiriendo que nadie deje de trabajar a fin de prepararse para lo siguiente que crea que Dios quiere que haga, a menos que tenga una clara dirección de parte de Dios para hacer eso. Lo que yo hice fue verdaderamente radical, pero vi la provisión de Dios, y nunca nos retrasamos en pagar ninguna factura. Si Dios no hubiese provisto, entonces yo habría sabido rápidamente que aquello era mi idea, y no idea de Dios, y rápidamente habría buscado otro trabajo. Siempre debemos recordar que lo que Dios ordena, ¡Él lo paga! Dios me estaba guiando, y se veía la evidencia en el hecho de que Él proporcionaba lo que necesitábamos.

El dinero que necesitábamos llegaba de forma diferente cada vez. En una ocasión fue una devolución de impuestos que no esperábamos. Nuestro pago mensual de electrodomésticos disminuyó, y eso nos ayudó cada mes. Conseguimos cosas a bajo precio que no esperábamos en el supermercado, y las personas nos bendecían con cosas que necesitábamos. Nos invitaban a cenar, lo cual nos hizo ahorrar en comida, y con bastante frecuencia alguien nos entregaba un donativo de dinero y decía: "Sentí que Dios puso en mi corazón bendecirles con esto". ¡Vaya! Yo nunca había visto nada como eso suceder en mi vida, y era muy emocionante. Una vez necesitaba varios paños para la cocina, y yo había escrito en mi lista de oración una petición pidiendo una docena. Pasaron algunas semanas, y entonces un día sonó el timbre de la puerta. Yo abrí, y una mujer a la que apenas conocía tenía un montón de paños de cocina y dijo: "Espero que no piense que estoy loca, pero sentí con fuerza que Dios quería que le regalase una docena de paños de cocina". Cosas como esa nunca antes habían sucedido porque yo nunca lo había necesitado, y cuando lo necesité, Dios intervino.

Durante seis años puedo decir que vivimos mensualmente de milagros. Recuerdo ir a ventas de segunda mano con unos pocos dólares y encontrar unos tenis nuevos para mis hijos, u otros objetos que necesitaba. Yo sabía cocinar hamburguesas de 100 maneras diferentes. Era muy raro tener ropa nueva para Dave o para mí, pero de alguna manera siempre teníamos lo que necesitábamos. No teníamos todo lo que queríamos, pero sí teníamos lo que necesitábamos. En todo ello, aprendí a no preocuparme tanto y a confiar más.

> *La preocupación no le quita al mañana su tristeza; le quita al presente su fortaleza.*
> Corrie ten Boom

Un día mientras estudiaba, entendí el hecho de que cuando Dios estaba guiando a los israelitas hacia la Tierra Prometida, sus ropas y sus zapatos no se desgastaban. No tuvieron otros nuevos, sino que Dios milagrosamente hizo que los que tenían durasen cuarenta años. Dios tiene muchas maneras de proveer para nosotros, y deberíamos estar emocionados con todas ellas.

La razón de que hable de mi historia es para alentarle mientras usted permanece en la fe, creyendo que Dios suplirá sus necesidades. Al igual que Dios proveyó para mí y para mi familia, proveerá para usted y para su familia. Los métodos exactos puede que sean distintos, pero su naturaleza de provisión es la misma: Él es el mismo ayer, hoy y para siempre. A lo largo de la Escritura, Dios demuestra ser un proveedor. Ya sea alimento, cobijo, sanidad, esperanza o salvación, Él provee todo lo que necesitamos. Por tanto, cobre aliento hoy; mantenga su cabeza alta y su vista hacia adelante. La provisión de Dios está en camino.

Sembrar y cosechar

Cualquier agricultor sabe que no puede cosechar donde no ha sembrado, y el mismo principio es cierto para nosotros.

Cuando damos, nos es dado (véase Lucas 6:38), por eso Dave y yo nunca dejamos de dar nuestro diezmo y ofrendas a la obra de Dios. Incluso cuando era muy difícil hacerlo, lo hacíamos y vimos los resultados. Dios nos ha dado varias promesas con respecto a su cuidado de nosotros que deberíamos tomar tiempo para leer.

> *Den, y se les dará: se les echará en el regazo una medida llena, apretada, sacudida y desbordante [...].*
>
> Lucas 6:38

> *El que siembra escasamente, escasamente cosechará, y el que siembra en abundancia, en abundancia cosechará.*
>
> 2 Corintios 9:6

> *Y Dios puede hacer que toda gracia abunde para ustedes, de manera que siempre, en toda circunstancia, tengan todo lo necesario, y toda buena obra abunde en ustedes.*
>
> 2 Corintios 9:8

> *Cada uno cosecha lo que siembra.*
>
> Gálatas 6:7

> *Traigan íntegro el diezmo para los fondos del templo, y así habrá alimento en mi casa. Pruébenme en esto— dice el Señor Todopoderoso—, y vean si no abro las compuertas del cielo y derramo sobre ustedes bendición hasta que sobreabunde.*
>
> Malaquías 3:10

No deberíamos dar solamente para obtener, pero no podemos esperar cosechar donde no hemos sembrado. Si damos generosamente para ayudar a otros y lo hacemos con una buena

actitud, Dios siempre será fiel para suplir todas nuestras
necesidades.

Dios en una ocasión envió a un poderoso profeta a una viuda
pobre para que sus necesidades
fueran suplidas. Era un periodo
de hambruna en la tierra, y
cuando él llegó, ella le dijo que
apenas tenía suficiente para una
última comida para ella y para
su hijo, y que entonces iban a

> Si damos generosamente
> para ayudar a otros y lo
> hacemos con una buena
> actitud, Dios siempre
> será fiel para suplir todas
> nuestras necesidades.

morir. Yo digo en tono de broma que ella no sólo era pobre,
sino que también estaba deprimida y enfocada en la muerte.
¿Acaso no podía Dios haber pensado en alguien mejor para el
profeta? Antes, Dios había dispuesto que fuese alimentado por
cuervos que le llevaba comida en la mañana y en la tarde. Eso
me suena más emocionante que una viuda pobre y deprimida
que estaba enfocada en morir. Pero Dios no envió a Elías a la
viuda por causa de sí mismo; fue enviado allí porque la viuda
necesitaba un milagro.

Lo primero que Elías le dijo fue que le diese de comer, a lo
cual ella respondió que no podía debido a su carencia. El profeta insistió en su petición, y estoy segura de que aunque ella lo
hizo, tenía bastante miedo. Él le había prometido que si le daba
a él primero, tendría suficiente para comer durante los días
restantes de la hambruna. Elías no necesitaba que la viuda le
diese algo, ¡pero ella necesitaba dar! En cuanto lo hizo, el aceite
y la comida comenzaron a multiplicarse y siguieron haciéndolo.
Toda esta historia se encuentra en 1 Reyes 17, y sin duda vale
la pena tomar el tiempo para leerla y estudiarla.

No tenga miedo a dar

Si la idea de dar de su dinero da miedo, entonces comience a hacerlo aunque sea con miedo, y finalmente será capaz de hacerlo en fe. Diga: "Señor, tengo miedo, pero voy a hacer esto porque tú quieres que lo haga, y yo te amo". La idea de dar dinero puede incluso ser ajena para algunos de ustedes, y si lo es, les pido que estudien la Palabra de Dios sobre el tema. Creo que verán que es un principio bíblico que no podemos pasar por alto.

Puede que sienta que no puede permitirse dar, pero en realidad no puede permitirse no hacerlo. Ningún agricultor espera obtener una cosecha a menos que plante semillas. Si queremos una cosecha de cosas buenas en nuestras vidas, entonces también necesitamos plantar semillas. Si no conocemos los principios del dar, puede que ni siquiera sepamos dónde dar o qué dar. La Biblia dice que llevemos el diezmo y las ofrendas al depósito, para que pueda haber alimento en la casa de Dios. Deberíamos dar a iglesias y ministerios que estén supliendo nuestras necesidades y las necesidades de otros. ¡Dé a los pobres! ¡Dé para financiar la predicación del evangelio! Dé para ayudar a personas que puede que no tengan a nadie que les ayude. ¡Forme el hábito de ser una bendición dondequiera que vaya!

Dios no necesita nuestro dinero, de modo que ¿por qué nos pide que lo demos? Creo que dar libera algo en nosotros que es hermoso. Dios es un dador, y creo que cuando damos sin egoísmo, somos más semejantes a Dios que en ningún otro momento de nuestra vida. Dar es una manera de resistir el egoísmo y la codicia. "Hay más dicha en dar que en recibir" (Hechos 20:35). Cuando alguien nos da un regalo, nosotros solamente recibimos el regalo, pero cuando nosotros damos, tenemos el gozo de dar. El diezmo representa el primer diez por ciento de toda nuestra sustancia. ¿Por qué diezmar? Porque si estamos dispuestos a dar la primera porción en obediencia a Dios, eso demuestra que le estamos poniendo a Él en primer lugar y confiando en que Él se ocupará del resto. Dios puede hacer que el 90 por ciento rinda más de lo que habría rendido el 100 por ciento, pero nunca lo sabremos si nos damos el paso y lo descubrimos.

¿Provisión de Dios o coincidencia?

Para un hijo de Dios, su provisión parece ser milagrosa, pero para quienes no tienen su fe puesta en Dios, parece mera coincidencia. Yo quiero vivir sorprendida ante lo que Dios está haciendo todo el tiempo, de modo que decido ser como una niña a este respecto, y espero que usted también lo haga. Quizá si comienza a ver lo que Dios ya está haciendo por usted, entonces será más fácil confiar en que Él siempre suplirá sus necesidades y que no tiene que tener miedo a la carencia. Alguien me dijo ayer que yo era afortunada de haber podido sobreponerme al abuso de mi niñez. No creo que fuese suerte; creo que fue y que es la bondad de Dios. La palabra "suerte" sugiere que una cosa meramente sucedió por casualidad y que no hubo nada divino en ello, y yo no creo eso. La vida sería bastante deprimente si lo único que esperásemos fuese la suerte que tuviéramos o no tuviéramos.

Podemos confiar en que Dios se ocupe de nosotros en todo momento y en todos los aspectos. Dios ha hecho tantas cosas sorprendentes en mi vida que no tengo suficiente espacio en este libro para hablar de todas ellas, pero a continuación hay dos que recuerdo con cariño.

Nuestro ministerio tenía unos pocos años de haber empezado y aún no era muy grande, pero seguíamos teniendo facturas que pagar del ministerio, y vivíamos de semana en semana, confiando en que Dios supliría lo que necesitáramos. La mayoría de los ingresos llegaban de pequeñas conferencias y reuniones que yo dirigía localmente. Fui al médico para hacerme un chequeo regular, y unas tres semanas después estaba en el hospital para que me operasen debido a un cáncer de mama. Eso fue repentino e inesperado, y no tuvimos tiempo para planear económicamente el intervalo en que yo estaría fuera del trabajo. Regresé a casa del hospital, intentando no preocuparme mientras me recuperaba, y una noche sonó el timbre de la puerta. Un pastor local al que no conocíamos personalmente estaba allí, y le dijo a Dave que estaba saliendo del ministerio y había vendido el edificio de su iglesia, y tal como la ley requiere, estaba distribuyendo los fondos a otros ministerios. ¡Nos entregó un cheque de diez mil dólares! Aquella fue probablemente la ofrenda más grande que habíamos recibido nunca en ese momento, y fue más que suficiente para que pudiéramos seguir adelante hasta que yo pudiera regresar al trabajo. ¿Suerte? Para nosotros fue un inmenso milagro, y ciertamente no algo que atribuimos a la coincidencia o a la suerte.

En otra ocasión, Dave y yo necesitábamos desesperadamente un auto nuevo porque el nuestro literalmente se caía a pedazos. No teníamos manera posible alguna de comprar uno, porque fue durante la época en que yo había dejado mi trabajo y estábamos confiando en Dios para cada pequeña cosa que necesitábamos. Uno de los hermanos de Dave, que no sabía lo desesperada que era nuestra situación, llamó y dijo que iba a comprar un auto nuevo. En lugar de intercambiar su vehículo que estaba en buen estado, ¡sintió que quería regalárnoslo!

Solamente cuento estas historias para impulsarle a creer en Dios para obtener provisión milagrosa en su propia vida. Dé tal como Dios le dirija a hacerlo y confíe en que Él suplirá todas sus necesidades conforme a sus riquezas en Cristo Jesús (véase Filipenses 4:19).

El Señor es mi Pastor, ¡nada me faltará!

El dinero sin duda no es lo único que puede faltarnos. Necesitamos fuerza, capacidad, sabiduría, creatividad, relaciones, y cientos de otras cosas. La Palabra de Dios nos enseña que Él proveerá todo lo que necesitamos a medida que confiemos en que lo hará. Yo confío diariamente en Dios para recibir gracia, sabiduría, creatividad y fortaleza para hacer todo lo que tengo que hacer. No me limito a suponer que lo tendré, ni tengo temor a que no lo tendré; lo pido. El apóstol Santiago dijo: "No tienen, porque no piden" (Santiago 4:2). El apóstol Juan dijo: "Pidan y recibirán, para que su alegría sea completa" (Juan 16:24).

Yo fui cristiana practicante durante muchos años antes de aprender que Dios era mi Proveedor en todas las cosas. Sabía que mis pecados fueron perdonados y que iría al cielo cuando muriese, pero eso era prácticamente todo en cuanto a lo que dependía de Dios. En todas las demás áreas, yo trabajaba duro para intentar ocuparme de mí misma. Desde luego que estaba frustrada, confusa y desengañada la mayoría del tiempo porque Dios quiere ocuparse de nosotros. Él en realidad evitará que tengamos éxito en cualquier cosa que estemos haciendo hasta que confiemos en que Él lo hará por nosotros.

¡Deberíamos confiar en Dios para todas las cosas! Si necesita confrontar una situación y tiene miedo a no saber qué decir, entonces puede pedir a Dios que le dé las palabras correctas en el momento correcto, y confiar en que Él lo hará. Si está solicitando un empleo pero tiene miedo a no conseguirlo, puede pedir a Dios favor y confiar en que lo conseguirá. Yo oro por tener favor todo el tiempo. El favor de Dios hace que situaciones resulten favorablemente para nosotros cuando no hay razón alguna de que así suceda, excepto que Dios está obrando a favor de nosotros. Si está usted solo, pida a Dios que le proporcione amigos. Las situaciones en las cuales necesitamos la ayuda de Dios son interminables, y la vida puede volverse muy emocionante cuando le permitimos que intervenga en todas esas situaciones y comenzamos a esperar verle obrar en ellas.

David dijo que el Señor es nuestro Pastor y que nada nos faltará (véase Salmos 23:1). Un buen pastor cuida de sus ovejas, y a Jesús se le llama "el buen Pastor" (véase Juan 10:11-14). Dios les dijo a los israelitas que Él les llevaría hasta una tierra donde comerían comida sin escasez y no les faltaría nada en ella (véase Deuteronomio 8:7-10). La Palabra de Dios para nosotros en la actualidad no es distinta de lo que fue para ellos. ¡No tenemos que tener temor a la carencia! Dios suplirá todo lo que necesitemos en cualquier situación. Admito que su tiempo no es siempre tan rápido como nos gustaría que fuese, pero Él no nos falla. Incluso cuando tengamos que esperar un poco más de lo que querríamos, podemos confiar en que el tiempo de Dios en nuestra vida es perfecto. Aunque Él no siempre nos da todo lo que queremos exactamente cuando lo queremos, Él nos dará lo que necesitemos en el momento correcto, y podemos descansar en eso.

> *Los leoncillos se debilitan y tienen hambre, pero a los que buscan al Señor nada les falta.*
>
> Salmos 34:10

Me encanta este pasaje, ¡porque me enseña que mi necesidad me da derecho a pedir! ¡Vaya! No tenemos que ser perfectos o especiales, tan sólo es necesario tener una necesidad; y cuando la tenemos, podemos acercarnos a Dios basándonos en la autoridad de su Palabra, y nada nos faltará. Tan sólo piense: en lugar de tener miedo a que no tendremos suficiente de lo que necesitamos, podemos tener fe en que tendremos suficiente. No espere hasta estar experimentando algún tipo de desastre para comenzar a confiar en Dios. Yo estoy confiando en Dios en este momento para que Él se ocupe de mí, de mi familia, y de nuestro ministerio y sus colaboradores mientras estemos aquí en la tierra. A veces esperamos hasta que tenemos profundos problemas antes de acudir a Dios, y para entonces, el diablo tiene sus raíces profundamente plantadas en todas las áreas de nuestra vida, y aunque Dios ciertamente nos ayudará, puede que tome más tiempo. Si ese es el caso con usted, entonces no se rinda. Sea paciente y persevere con Dios, y aprenda a vivir por fe en lugar de vivir por temor.

Escasez o abundancia

Desde su comienzo en Génesis, la Biblia relata una historia de abundancia. En el primer capítulo vemos a Dios profusamente creativo. Él no creó unas cuantas estrellas; creó tantas que no pueden contarse. Sus océanos son tan inmensos que no podemos ver el final de ellos desde la costa. Creó grandes cantidades de animales, plantas, flores y árboles. Y después de haber creado todo, incluidos el hombre y la mujer, ¡Él dijo que su creación era muy buena! En toda la Biblia vemos a un Dios de abundancia, que se llamó a sí mismo *El-Shaddai*, que significa el Dios del más que suficiente.

Las personas realizan festejos regulares para honrar y dar gracias a Dios por su abundancia. No estoy sugiriendo que la escasez no haya llegado a este mundo caído y pecador, pero como ciudadanos del Reino de Dios y de su economía, aún podemos beneficiarnos del plan original de Dios para el hombre. Dios pone delante de nosotros el bien y el mal, la vida y la muerte, y nos pide que escojamos la vida (véase Deuteronomio 30:19). Escojamos la vida en lugar del temor, confiemos en Dios para obtener abundancia en lugar de tener miedo a la escasez; creamos que Dios tiene más que suficiente de todo y comencemos a confiar en Él para recibir nuestra parte.

Podría usted decir: "Creí que debíamos estar contentos con lo que tenemos". Tiene razón; debemos estar contentos, y eso significa estar satisfechos hasta el punto en que no somos turbados independientemente de cuáles sean nuestras circunstancias. Pero eso no significa que no deberíamos confiar en que Dios mejore nuestra situación y provea para nosotros abundantemente.

Recuerdo cuando yo tenía un gran temor a no tener suficiente. Había aprendido temprano en la vida que tenía que cuidar de mí misma. Mi padre era un hombre muy tacaño, y nunca parecía querer que yo tuviera las cosas que otros niños y adolescentes tenían. Sí proveía para mis necesidades básicas, pero se negaba a comprarme cosas como un anillo de graduación, fotografías de la escuela, un anuario o un traje de graduación. Si yo quería esas cosas, tenía que encontrar una manera de obtenerlas por mí misma. Cuidaba niños y trabajaba en una tienda local a fin de tener las cosas que necesitaba. Creo que el modo en que él me trató me dejó con una arraigada creencia en que yo solamente merecía lo mínimo de todo, y sólo debería esperar lo que pudiera tener a fin de poder arreglármelas en la vida. Fue fácil para mí realizar la transición a ser una persona adulta que tenía temor a no tener nunca lo suficiente. Vivía con lo mínimo posible, pero cuando sí tenía la necesidad de comprar algo, buscaba el mejor descuento que pudiera encontrar. Buscar buenos precios no es equivocado, pero yo era excesiva, en el mejor de los casos. El temor a no tener suficiente me atormentaba continuamente.

Mediante mi relación con Dios, poco a poco aprendí a confiar en Él para tener abundancia. Aprendí que Dios quiere que sus hijos tengan lo mejor, no lo mínimo. Él hace abundantemente más de lo que nos atrevemos a esperar, pedir o pensar (véase Efesios 3:20). Le aliento a que desarrolle una mentalidad de abundancia, no de escasez. Confíe en que Dios proveerá para usted todas sus necesidades y le dará los deseos de su corazón (véase Salmos 37:4). No viva con temor a la carencia, porque Dios promete que Él suplirá abundantemente cada una de sus necesidades.

Así que mi Dios les proveerá de todo lo que necesiten, conforme a las gloriosas riquezas que tiene en Cristo Jesús.

Filipenses 4:19

CAPÍTULO 10

El temor a perder el control

Soltar no significa que ya no le importe alguna otra persona.
Es tan sólo entender que la única persona sobre la que tiene
control es usted mismo.

Deborah Reber

El temor a perder el control es uno de los temores más generalizados que tienen las personas. Este es el temor a que si no se las arregla para controlar el resultado de futuros acontecimientos, puede suceder algo desagradable o incluso terrible. Las personas que tienen este temor experimentan mucho estrés, porque intentar controlar el mundo y a todos los que en él viven es mucho trabajo. El estrés de ser una persona controladora puede finalmente causar inmensos problemas; crea mucha presión que puede convertirse en problemas de salud, robar nuestra paz y gozo y no fomentar las buenas relaciones.

Yo conozco la agonía de ser un "controlador" porque yo era una persona así. Durante muchos años en mi vida solamente me sentía segura cuando creía que estaba controlando todas mis circunstancias y a las personas cercanas a mí. Parte de mi naturaleza controladora estaba arraigada en el egoísmo, pero una gran parte estaba arraigada en el temor. Sencillamente tenía miedo de no ser cuidada si yo no controlaba mis entornos, y por eso me aseguraba de ser yo quien tuviera el control.

Ahora sé que el problema comenzó en mi niñez. Mi padre era un hombre muy controlador y también abusivo en muchos aspectos. Mi madre tenía demasiado miedo a confrontarle, de modo que le permitía no sólo que le controlase a ella, sino también a mi hermano y a mí. Sus mecanismos de control eran enojo, amenazas y rechazo. Frecuentemente nos amenazaba con la pérdida de privilegios o de provisión, pero principalmente éramos los receptores de sus arrebatos de violencia y de enojo que conllevaban gritos, malas palabras, empujones, bofetadas, e incluso golpes. Su enojo también terminaba en su rechazo total de cualquiera que no le hubiera agradado. Finalmente se recuperaba de su periodo de desagrado, solamente para encontrar algo más y alguna otra persona con la que estar infeliz.

Debido a que yo aborrecía esos episodios, hacía todo lo que estaba en mi poder para mantenerle contento, y eso siempre implicaba permitirle tener el control incluso de los detalles más minúsculos de mi vida.

Se podría pensar que como yo aborrecía ser controlada, sin duda no me habría convertido yo misma en una persona controladora, pero así fue. Aprendemos patrones de conducta de nuestros padres; ellos se convierten para nosotros en el espejo de lo que suponemos que debemos ser. Yo veía que mi padre conseguía lo que quería mediante el enojo y el control, de modo que como adulta pensaba que ese era el modo de conseguir lo que quisiera.

Obviamente, este tipo de conducta no es el camino de Dios, pero en cierto momento de mi vida yo no sabía que existiera algún otro camino aparte del que yo estaba siguiendo. Dios quiere que confiemos en Él para qué nos dirija y nos guíe, y nos mantenga seguros, en lugar de ser nosotros quienes intentemos controlar circunstancias y personas. Cuando

> *Dios quiere que confiemos en Él para qué nos dirija y nos guíe, y nos mantenga seguros, en lugar de ser nosotros quienes intentemos controlar circunstancias y personas.*

finalmente abandoné la tarea de lo que yo denomino "cuidado propio", encontré un nuevo gozo que no había experimentado antes. Me gustaría decir que fue fácil y que sucedió de la noche a la mañana, pero no fue ese el caso. Incluso después de entender que mi conducta era equivocada, estaba en la oscuridad acerca del porqué me comportaba del modo en que lo hacía. No podía controlar mi conducta porque, incluso en eso, seguía intentando tener el control sin pedir la ayuda de Dios.

Por tanto, aquí estaba mi problema: ¡yo era una persona controladora que intentaba controlarme a mí misma para *no* ser una controladora! No funcionó. Yo necesitaba la ayuda de Dios. Necesitaba confiarle a Dios todas mis circunstancias, todas las personas en mi vida, y especialmente necesitaba confiar en que Dios me cambiase. Era mucha confianza la que yo necesitaba y no tenía. Ni siquiera sabía cómo tenerla porque nunca había sido capaz de confiar en nadie en mi vida antes de eso. Mis pensamientos, emociones y acciones estaban todas ellas llenas del temor a ser herida o que se aprovechasen de mí.

El plan de Dios

Los caminos del hombre y los caminos de Dios son muy diferentes. Los caminos de Dios son mejores con mucha diferencia, pero nos lleva mucho tiempo entender eso. Y entonces, después de eso, tenemos que estar dispuestos a renunciar a nuestra vieja manera de hacer las cosas.

> *Podemos hacer nuestros propios planes, pero la respuesta correcta viene del Señor. La gente puede considerarse pura según su propia opinión, pero el Señor examina sus intenciones. Pon todo lo que hagas en manos del Señor […].*
> Proverbios 16:1-3, NTV

Nuestra mente se mantiene muy ocupada haciendo planes, y esos planes son para lo que creemos que nos beneficiará. Dios quiere que pongamos todas nuestras obras (planes y actos) en sus manos y que sigamos su plan en lugar de seguir adelante con los nuestros. Se nos alienta en Proverbios 3:6 a reconocerle a Él en todos nuestros caminos. Cuando lo hacemos, entonces las cosas salen mucho mejor y tenemos menos estrés y mucho gozo, pero normalmente nos lleva un tiempo aprender los caminos de Dios y estar dispuestos a someternos a ellos.

Mi suegra me regaló mi primera Biblia cuando Dave y yo nos casamos, y escribió un versículo en la primera hoja:

> Entrega al Señor todo lo que haces; confía en él, y él te ayudará.
>
> Salmos 37:5

Yo pensé que era un versículo bonito, pero no tenía idea alguna en ese momento de lo lejos que estaba yo de hacer eso. No tenía idea alguna de todo el trabajo que Dios tendría que hacer en mi corazón a fin de que ese versículo fuese una realidad en mi vida. Sí, el plan de Dios es bastante distinto a los nuestros. Con frecuencia queremos decidir qué hacer y después oramos para que Dios haga que funcione, pero Él quiere que sea justamente lo opuesto. Quiere que oremos primero y no emprendamos ninguna acción sin su dirección y aprobación. ¿Es Dios un controlador? Podría sonar a que lo es, pero Él es precisamente lo contrario. Nos da la capacidad de tomar nuestras propias decisiones, pero sí nos enseña cuáles tomar a fin de que la vida obre para bien.

Dios intentará guiarnos, pero no nos obligará a hacer lo correcto. Yo finalmente aprendí a tratar con mis hijos adultos del mismo modo en que Dios trata con nosotros. Puede que ofrezca consejos, aunque intento refrenarme de hacerlo con demasiada frecuencia, pero cuando lo hago, sigo entendiendo que ellos tomarán sus propias decisiones. Y si ellos deciden en contra de lo que yo he sugerido, entonces no digo nada más. ¡No es mi tarea controlarlos!

Cualquier cosa que Dios nos diga que hagamos o que no hagamos es para nuestro beneficio, y si confiamos en eso, entonces podemos seguir su consejo más fácilmente. El plan de Dios para nosotros es que le entreguemos gustosamente nuestra voluntad a Él, pidiéndole que nos guíe y nos dirija en todos los asuntos de la vida. Quiere que confiemos en Él, y a medida que lo hacemos podemos entrar en su paz y su gozo. Podemos entonces disfrutar de nuestra vida mientras Él obra en las circunstancias y en las personas que hay en nuestra vida, al igual que sobre nosotros y en nosotros. La dirección de Dios nos aleja de todo aquello que causará estrés, y nos conduce a su reposo.

Certidumbre en un mundo de incertidumbre

Lo que queremos es certidumbre, pero vivimos en un mundo de incertidumbre. Esta demanda poco realista es la que crea estrés y ansiedad. La certidumbre nos hace sentirnos seguros, y todos queremos eso. Estamos seguros en Dios, pero debemos aprender a creerlo y confiar en Él. Confiar en Dios no significa que todo resulte del modo en que nosotros queremos, pero sí significa que resulta del modo en que debería. Dios no siempre nos lleva por el camino fácil en la vida. A veces nos conduce por la ruta larga y difícil porque al final será la que era mejor para nosotros. Incluso cuando la vida duele, Dios quiere que confiemos en Él.

Todas las cosas puede que no sean buenas en sí mismas, pero Dios puede hacer que obren para bien si confiamos en que Él lo haga.

Ahora bien, sabemos que Dios dispone todas las cosas para el bien de quienes lo aman, los que han sido llamados de acuerdo con su propósito.

Romanos 8:28

Incluso si una persona cree esta promesa, aun así puede pasar tiempo para que los resultados se manifiesten en su vida. Esperar que Dios haga lo que solamente Dios puede hacer es siempre la parte más difícil de

> Esperar que Dios haga lo que solamente Dios puede hacer es siempre la parte más difícil de la confianza.

la confianza. Nuestro tiempo y el de Él son por lo general dos cosas completamente diferentes. Él promete nunca llegar tarde, e incluso afirma que no es lento tal como el hombre define la lentitud (véase 2 Pedro 3:9). Pero normalmente Él no llega temprano, y sí tenemos que esperar. Durante esta espera es cuando tendemos a hacernos cargo otra vez e intentar controlar algo que solamente Dios puede controlar. Perdemos nuestro gozo y paz una vez más, ¡y recorremos las mismas montañas en la vida hasta que finalmente entendemos que debemos permitir que Dios sea Dios en nuestra vida! Yo he decidido finalmente que si Dios no cambia una cosa (incluso si esa cosa soy yo), entonces sencillamente no cambiará. Dios bien puede hacer lo que sea necesario hacer en nuestra vida, y nosotros deberíamos estar quietos y permitir que Él lo haga.

Nuestra vida es como un lienzo y Dios es el artista que intenta pintar un cuadro perfecto. Tan sólo imagine si mientras un artista estuviera pintando, el lienzo se negara a quedarse quieto y no dejara de moverse intentando dar instrucciones al pintor. El proyecto sería un desastre; y eso es lo que con frecuencia sucede en nuestra vida.

Quédense quietos, reconozcan que yo soy Dios [...].
Salmos 46:10

La vida en la tierra no dejará su incertidumbre, así que somos nosotros quienes debemos ser flexibles. La vida no cambiará, de modo que nosotros debemos cambiar. He oído decir que "si no aprendemos a inclinarnos, la vida nos romperá a todos". No sabemos lo que sucederá mañana o, en efecto, en los diez próximos minutos, pero Dios sí lo sabe. Ya que Él lo sabe, podemos contentarnos con conocerle y confiar en Él.

Podemos aprender a ejercer el poder que sí tenemos y controlar lo que podemos controlar en lugar de intentar controlar lo que nunca podemos controlar. Sí tenemos la capacidad de no permitir que el temor gobierne nuestras acciones, y con la ayuda de Dios podemos controlar nuestra reacción a situaciones incluso cuando no podamos controlar la situación misma. No podemos controlar la dirección del viento, pero podemos situar nuestras velas para cooperar con él.

Debe aprender a soltar porque, en realidad, ¡de todos modos nunca tuvo usted el control!

Esperar lo inesperado

Aprender a esperar lo inesperado no es tener una actitud negativa; es simplemente aceptar que no podemos controlar todo en la vida y entonces confiar en que Dios nos capacitará para manejar las cosas a medida que lleguen. Cuando Noé entró en el arca, tuvo que tener una confianza completa en Dios, porque él no tenía capacidad de controlar la dirección del arca, ya que no tenía timón ni tampoco velas. Él no tenía control alguno, y sin embargo Dios le llevó a un lugar de seguridad.

Yo decidí anotar las cosas inesperadas que me sucedían

durante un periodo de tiempo de ocho semanas. Anoté 33 cosas. Treinta y tres cosas que interrumpieron mis planes y que tuve que enfrentar. No tenía otra opción: me miraban a la cara y yo no podía evitarlas; ¡no podía controlarlas! Pero fui capaz de controlar mi respuesta a ellas, y para mí ese fue un inmenso logro. Habría habido un tiempo en mi vida en que cada una de esas cosas, la mayoría de las cuales eran asuntos menores, me habría enviado a la depresión o a la agresión impía. En otras palabras, me habría enfurecido. Habría sido incapaz simplemente de confiar en que Dios me ayudase a manejar cada una de esas situaciones. ¡Gracias a Dios que Él nos cambia! Me emociona mucho saber que no tenemos que seguir siendo igual, sino que Dios está obrando diariamente con nosotros y en nosotros hacia el cambio positivo.

No sólo podemos aprender a esperar lo inesperado, sino que también podemos negarnos a tener miedo a lo inesperado. Podemos vivir con una actitud confiada de que Dios nos dará la capacidad de manejar cualquier cosa que necesitemos manejar en la vida. Él ha prometido no permitir nunca que nos llegue más de lo que podamos soportar, y también proporcionar siempre una salida (véase 1 Corintios 10:13). Por tanto, quiero que piense en esto de una manera diferente: las cosas inesperadas añaden un toque de misterio a nuestras vidas, y creo que todos queremos y necesitamos eso.

Las circunstancias en la vida no son las únicas cosas que producen otras cosas que no esperamos, sino que también las personas hacen cosas inesperadas. Nos fallan cuando más las necesitamos, y hacen cosas que ni en un millón de años hubiéramos pensado que iban a hacer. Nos sorprende y nos duele, pero ahí está, y tenemos que manejarlo. Quizá debamos soltar nuestra idea de lo que esperábamos que la gente fuese e intentar amar a esas personas tal como son. ¿Son realmente las personas las que nos decepcionan, o es a veces nuestra expectativa de ellas lo que nos decepciona? Esperar que las personas nunca nos hagan daño es ciertamente una expectativa irrealista y que nos prepara para el desengaño.

La mayoría de nuestro dolor en la vida es lo que yo denomino "dolor de personas". Todos necesitamos a las personas, pero desarrollar buenas relaciones sin duda no es fácil. A veces queremos soltar cuando deberíamos aferrarnos, y a veces queremos aferrarnos cuando deberíamos soltar.

Soltar las malas amistades

Necesitamos personas seguras en nuestras vidas, no quienes son volátiles y meramente bombas a la espera de explotar. Necesitamos personas que añadan a nuestras vidas, y no personas que nos resten. Si amamos o necesitamos a una persona, con frecuencia intentamos controlarla y hacer de ella lo que debiera ser. Si esa persona nos está haciendo daño, intentamos cambiarla para que nos resulte cómodo estar con ella. Eso por lo general no funciona, y cuando es así puede que tengamos que soltarla.

Algunas personas piensan que aferrarse es heroico, pero a veces, soltar es lo más heroico que podemos hacer. Este es un aspecto en el cual debemos aprender a ser guiados por el Espíritu Santo. Yo no defiendo dar la espalda a las personas fácilmente, porque permanecer al lado de alguien en los momentos difíciles puede ser precisamente lo que esa persona necesite a fin de cambiar; sin embargo, si la relación le está enfermando emocionalmente y le está quitando la energía que usted necesita para su vida, entonces puede que soltar sea lo único que puede hacer. A veces, soltar es sencillamente la decisión de dejar de intentar cambiar a esa persona, y en otros momentos requiere alejarse. Alejarse no es fácil, pero hay momentos en la vida en que debemos hacerlo.

No siempre podemos sencillamente alejarnos de familiares, pero podemos soltar amistades que estén envenenando nuestra vida si sentimos que eso es lo que debemos hacer. Incluso diría que si usted está batallando con familiares cercanos que son difíciles de tratar, entonces necesita incluso más tener amigos seguros. Las amistades sanas pueden edificarle y darle valentía para manejar las cosas que debe manejar en casa. Una amiga mía tiene un hijo con necesidades especiales, y ha compartido conmigo lo difícil y agotador que puede ser. Ella ama a ese niño y sabe que le cuidará siempre, y está comprometida a hacerlo, pero necesita amigas que puedan añadir a su vida en vez de agotarla aún más. Ella necesita amistades que sean seguras.

Por muchos años yo cuidé de mi papá, que había abusado de mí. Él murió hace algunos años, y estoy contenta de poder decir que aceptó a Jesús antes de morir. También cuido de mi mamá, que tiene 89 años, y de mi tía que tiene 86. Aunque mis padres abusaron de mí y me abandonaron, yo no podía sencillamente alejarme. Dios quería que les tratase bien aunque ellos me hubieran fallado en cuanto a ser buenos padres. Con frecuencia es muy agotador tratarlos porque tienen muchos problemas de salud y también emocionales. Debido a eso y a otras responsabilidades en mi vida, es importante que yo tenga amistades seguras que añadan a mi vida y no otras que me agoten aún más. He aprendido que la risa me restaura, así que disfruto de las personas que no son tensas y difíciles de agradar.

Estoy segura de que habrá escuchado la frase: "Puedes soltar a alguien, y si verdaderamente tiene que ser tuyo, regresará". A veces las personas necesitan algún tiempo y espacio para crecer y madurar antes de que sean amistades seguras para nosotros.

Si se da cuenta de que no puede ser amigo de alguien, siga orando por esa persona y nunca albergue amargura en su corazón hacia él o ella. Quizá algún día la relación pueda ser restaurada, pero recuerde siempre que debe poner límites en su vida, o se aprovecharán de usted.

Vivir y dejar vivir

Puede ser libre del temor a no tener el control si aprende a confiar en que Dios tenga el control. Él tiene una vida increíble para usted, así que asegúrese de vivirla al máximo. Él tiene un buen plan para usted y personas correctas con las que tenga usted una relación, y le insto a

> *Puede ser libre del temor a no tener el control si aprende a confiar en que Dios tenga el control.*

que abra su corazón a Él plenamente en estos asuntos. No desperdicie su vida al permitir que otras personas le controlen, y no intente usted controlarlas a ellas. Lo único que puede hacer es vivir su vida y dejar que ellos vivan la suya.

Entregue a Dios a todas las personas que hay en su vida porque, en realidad, de todos modos le pertenecen a Él. Cuando usted las entrega al cuidado amoroso de Él, eso le libera para que disfrute de su vida. Entréguelas a Él y confíe en el plan que Él tiene a largo plazo. Puede que incluso tenga que ver a personas a las que quiere atravesar cierto dolor que a usted le gustaría ayudar a evitar, pero a veces tenemos que permitir que las personas cometan sus propios errores y aprendan de ellos.

Deje que ellos vivan su vida incluso si no la viven del modo en que a usted le gustaría que lo hicieran. Siga orando y recordando que Dios puede hacer mucho más en un solo segundo de lo que usted puede hacer en toda una vida.

Este sería un buen momento para orar y, una por una, soltar a cualquier persona que esté usted intentando controlar. Incluso si sus intenciones son buenas, aun así necesita soltarles y confiar en que Dios haga lo que sea necesario hacer en sus vidas.

CAPÍTULO 11

El temor a no ser querido

Los seres humanos, al igual que las plantas, crecen en el terreno de la aceptación, no en la atmósfera del rechazo.

Sir John Powell

Haber recibido abusos sexuales, verbales, mentales y emocionales cuando era una niña y una adolescente sin duda me dejó con miedo a que nadie me querría cuando fuese adulta. El temor inundaba la atmósfera misma en la que me crié. Yo tenía miedo a que alguien, especialmente mi madre, descubriera lo que mi papá me estaba haciendo. Al mismo tiempo tenía miedo a que nadie lo descubriesen nunca, y que nunca fuese rescatada. Tenía miedo a que si lo descubrían, me culparían a mí, y siempre estaba el constante temor a que quizá el abuso fuese culpa mía. ¡Quizá había algo equivocado en mí!

Tenía miedo a la intimidación y el enojo de mi padre. Tenía miedo a poder hacerle enojar, y sin embargo, cuando estaba enojado no podía entender qué yo había hecho mal. Tenía miedo a pedirle cualquier cosa, incluso una moneda para comprar un caramelo. Querer cosas no era muy popular en nuestro hogar, de modo que por lo general yo no pedía debido al temor a hacer enojar a mi papá. Sentía que tenía que cuidar de mí misma, y no necesitaba mucho; pero era solamente una niña pequeña, y tenía miedo a no poder o no saber cómo hacer eso. Tenía un abrumador sentimiento de responsabilidad. Pensaba que necesitaba arreglarlo todo, pero tenía mucho miedo porque no sabía cómo hacerlo.

Mis temores cambiaron cuando me convertí en adulta, pero seguían estando muy presentes. Tenía temor al fracaso, temor a permitir entrar a amigos en mi vida, especialmente amigos cercanos, y temor a que se aprovecharan de mí. Había muchos temores, tanto grandes como pequeños, pero del que hablaremos en este capítulo era uno de los grandes para mí.

Anhelaba el día en que pudiera irme de casa e independizarme, lejos del abuso que sufría, y a la vez también vivía con el temor a que estaría sola y no me querría nadie, ¡porque me sentía como una mercancía dañada! El temor a no ser querido lo experimentan miles de personas, y nos llena de una tristeza que solamente puede conocerla aquel que la ha sentido. Fuimos creados para tener conexiones saludables y siempre hay una parte de nosotros que la anhela. ¡Queremos ser amados! ¡Queremos que nos quieran!

> Fuimos creados para tener conexiones saludables y siempre hay una parte de nosotros que la anhela.

Mis pensamientos eran: ¿Qué hombre podría amar y querer casarse con alguien que ha sido utilizada por su padre del modo en que lo he sido yo? Este se convirtió en un temor en mi vida que finalmente hizo que cometiera un error y me casara con el primer joven que pareció mostrar interés en mí. Yo no me sentía tranquila con respecto a esa unión, pero el temor a no tener nunca a nadie y quedarme sola me hizo ignorar la sabiduría y casarme con él de todos modos. Nuestro matrimonio de cinco años estuvo lleno de más dolor, rechazo, abandono y traición; exactamente lo que yo no necesitaba después de haberme criado del modo en que me crié. El matrimonio terminó en divorcio debido a infidelidad por su parte. Yo existía bajo capas de dolor que causaban muchos problemas en mi vida, hasta que finalmente recibí el amor y la aceptación de Jesús y sanidad para mi alma herida.

En el último año del matrimonio quedé embarazada, y mientras lo estaba él me abandonó y se fue a vivir con otra mujer que resultó residir solamente a dos manzanas de donde vivíamos él y yo. Cada vez que conducía hacia el trabajo pasaba por el apartamento donde ellos vivían, y puedo recordar vívidamente los sentimientos dolorosos de no ser querida y ser rechazada. Como la mayoría de personas hacen, yo pensaba que algo malo había en mí y que no era lo bastante buena, pues de otro modo él no me habría dejado por otra persona. Ella probablemente era mucho más delgada, y tenía largo cabello rubio y ojos azules. Yo nunca en mi vida había podido vestir una talla pequeña, y tenía el cabello color marrón y ojos marrones. Al compararme a mí misma con ella, sin duda alguna tenía carencias en la mayoría de áreas.

Cuantos más errores vemos en nosotros mismos, más aceptamos el rechazo como algo que merecemos. Comenzamos a interiorizarlo y creemos que hay algo equivocado en nosotros que ha causado el rechazo. Como la mayoría de personas en una situación parecida, mi dolor emocional era tan intenso que no podía pensar racionalmente o darme cuenta de que mi esposo tenía muchos problemas y patrones de conducta equivocados que no estaban relacionados conmigo ni con nada de lo que yo era, o con nada de lo que yo hacía. Ya era de esa manera cuando me casé con él, pero estaba tan desesperada y temerosa de no ser querida, que me negué a ser sincera conmigo misma en cuanto a él. Creo que literalmente miles y miles de mujeres y hombres cometen ese mismo error. El temor a estar solo y no ser querido es intenso, y puede motivarnos a tomar decisiones poco sabias en cuanto a las relaciones.

Estoy segura de que podrá imaginar el dolor emocional que

yo sentía mientras pasaba al lado del apartamento donde él estaba viviendo con otra mujer; embarazada de su hijo, teniendo que trabajar para pagar las facturas que él creaba y de las que no se responsabilizaba.

Mi embarazo fue un periodo terriblemente solitario. No podía recibir ningún consuelo por parte de mis padres, y no tenía verdaderas amigas. Dependía por completo de ser capaz de cuidar de mí misma, y tenía mucho temor en cuanto a qué iba a hacer cuando llegase al final de mi embarazo. Cuando ya no pude seguir trabajando, no tenía dinero alguno ni ningún lugar donde acudir en busca de ayuda, de modo que la mujer que me arreglaba el cabello en la peluquería donde yo iba me invitó a vivir con ella y con su mamá hasta después de dar a luz.

Mi alma tenía cicatrices debido al temor, el abuso y el rechazo, y en ese momento yo no sabía que Dios me amaba, que nunca me rechazaría, y que realmente quería restaurar mi alma y darme sanidad (véase Salmos 23). Si puede identificarse con el modo en que yo me sentía durante aquella época, le insto a creer que Dios también quiere restaurar su vida y hacer de ella algo sorprendentemente maravilloso. Él está llamando a la puerta de su corazón, y lo único que tiene usted que hacer es decir: "Jesús, entra". La sanidad de Dios en nuestras vidas no es instantánea; es un proceso, pero sin duda está a disposición de todo aquel que la reciba por fe.

> La sanidad de Dios en nuestras vidas no es instantánea; es un proceso, pero sin duda está a disposición de todo aquel que la reciba por fe.

Incluso si tiene temor a permitir que alguna otra persona entre en su vida en este momento, puede comenzar permitiendo entrar a Jesús, y Él le capacitará para que finalmente permita también entrar a otras personas. ¡Puede disfrutar de relaciones saludables y seguras!

Después de dar a luz a mi hijo yo sola en una clínica, mi esposo apareció y me llevó a vivir con él a la casa de su tía. Eso duró solamente unas semanas, y volvió a hacer otra escapada con una mujer diferente. Finalmente reuní la valentía para divorciarme de él, pero mis circunstancias solamente empeoraron porque finalmente no tuve otra opción excepto regresar a la casa de mi padre e intentar evitar sus avances sexuales. Viví allí durante unos pocos meses con mi hijo. Trabajaba durante el día mientras mi hijo se quedaba con una niñera que era vecina, y yo me sentía miserable todo el tiempo. Día y noche me perseguía el temor y el dolor de estar sola, rechazada y no querida. Me sentía atascada en un lugar que aborrecía y no veía medio alguno de escape.

Yo había recibido a Jesús como mi Salvador a los nueve años de edad mientras visitaba a unos familiares, pero no tenía entendimiento alguno de lo que estaba a mi disposición mediante mi relación con Cristo, de modo que seguía teniendo todos mis problemas aunque tenía a Jesús. Yo era como un millonario, espiritualmente hablando, que nunca fue al banco para cobrar un cheque porque no sabía lo que tenía. Sin embargo, hacía lo que estoy segura que sonaban como oraciones patéticas, pero Dios me escuchó. Pedí que algún día Dios enviase a alguien que me amase verdaderamente y me llevase a la iglesia, y finalmente Dave Meyer se detuvo delante de la casa de mis padres donde yo estaba limpiando el auto de mi madre, y el resto es historia. Es una historia para otro momento, pero él sin duda alguna fue la respuesta a las oraciones que yo había hecho en medio de mi dolor.

A pesar de lo mucho que esté sufriendo, ¡le insto a orar! Derrame su corazón delante de Dios y no se preocupe por sonar elocuente. Dígale cómo se siente, y sea paciente a medida que Él obra en su vida. Admito que es difícil ser paciente cuando se sufre, pero Dios le consolará a medida que usted permanezca firme en su fe.

Anhelar aceptación

Recientemente conocí a una mujer que expresó su gratitud por nuestro programa de televisión. Dijo que la Palabra de Dios que había recibido produjo sanidad a su familia. Siguió diciéndome que su hijo había desarrollado un grave trastorno alimenticio que había requerido hospitalización. Le pregunté si él había sido inseguro, y ella dijo que estaba en un grupo de música y comenzó a admirar al cantante principal y a compararse con él. Sin ninguna razón aparente, comenzó a tener miedo a que podría llegar el momento en que ellos no le querrían en el grupo, y aunque no tenía sobrepeso en absoluto y era muy bien parecido, decidió que debería estar tan delgado como el cantante principal. Comenzó a recorrer el camino de comer y después obligarse a vomitar para no retener las calorías de los alimentos. Este trastorno alimenticio tiene varios efectos secundarios graves si se practica durante un largo periodo de tiempo, y tuvo efectos devastadores en él. El estrés de sus problemas terminó causando que su madre tuviese un trastorno nervioso postraumático, y necesitó consejería y ayuda médica. Todos esos problemas comenzaron con el temor de un joven a no ser querido y ser rechazado. Ni siquiera era una realidad, ¡tan sólo un temor! Aunque él no sabía cómo en ese momento, lo único que habría tenido que hacer era resistir el temor al principio, y podría haber evitado todo el dolor que sufrió personalmente, al igual que el dolor causado a su familia. El temor es sin duda un formidable enemigo, uno que debemos aprender a confrontar.

Fuimos diseñados y creados por Dios para la aceptación y no para el rechazo. Debido a que es una necesidad inherente en nosotros, la anhelamos, y necesitamos vivir en una atmósfera de aceptación a fin de crecer y hacer progreso. ¿Y si somos rechazados y poco queridos por las personas que hay en nuestras vidas? Aunque es doloroso, aun así podemos escoger recibir

> Independientemente de quién nos rechace, Dios nos acepta.

la aceptación de Dios y saber que estamos vivos porque Él así lo quiere. ¡Dios *te quiere*! Dios es el dador de la vida, y nos ha creado a cada uno de nosotros con detalle y con propósito. Independientemente de quién nos rechace, Dios nos acepta. Y eso es suficiente para permitirnos ser exitosos en la vida. Jesús fue rechazado y despreciado, pero se enfocó en el amor de Dios por Él. Deberíamos enfocarnos en la aceptación de Dios en lugar de en el rechazo de la gente. Aquello en lo que nos lo enfocamos se convierte en lo más grande en nuestra vida.

> *Despreciado y rechazado por los hombres, varón de dolores, hecho para el sufrimiento. Todos evitaban mirarlo; fue despreciado, y no lo estimamos.*
>
> Isaías 53:3

Jesús vino para ayudar a las personas; sin embargo le aborrecieron sin causa. ¿Fue doloroso para Él? Imagino que lo fue, porque Él tenía emociones al igual que nosotros; pero Él no permitió que el rechazo le hiciese desviarse del propósito para el cual fue enviado. Satanás lanza ataques de rechazo contra nosotros con la esperanza de que el dolor nos debilite hasta el punto de hacernos abandonar, aislarnos y tener tanto miedo a no ser queridos que terminemos emocionalmente lisiados e incapaces de mantener relaciones saludables o de ser exitosos en la vida. Sin embargo, conocimiento es poder, y cuando entendemos lo que Satanás está intentando hacer y por qué, podemos entonces resistirle más agresivamente y tener victoria en lugar de ser la víctima.

Podemos confiar en que Dios nos dé la aceptación que deseamos en lugar de hacer concesiones en nuestros valores y tomar decisiones poco sabias a fin de obtenerla. Yo he experimentado lo que parece ser más de lo que me corresponde de rechazo en mi vida. En mi niñez, de parte de personas en las que confiaba y a las que quería, y más adelante como una mujer que es utilizada por Dios en el ministerio. Parte de mi dolor más intenso ha venido de esos rechazos, pero me he recuperado aplicando los mismos principios que estoy compartiendo aquí.

Dios ya ha provisto la total aceptación que deseamos, y lo único que tenemos que hacer es recibirla por la fe. ¿Tiene temor a creer que pudiera ser cierto? Sé que yo lo tuve durante mucho, mucho tiempo. Pensaba: *¿Y si creo que Dios me ama y solamente me engaño a mi misma? ¿Y si creo que soy totalmente aceptada por Dios y en realidad es sólo mi imaginación?* Casi parecía demasiado bueno para ser verdad. Pero encontramos nuestra prueba en la Palabra de Dios. Incluso después de decidir creer que somos aceptados y queridos por Dios, nuestros sentimientos no siempre están en consonancia con eso. Debemos aprender a creer lo que Dios dice más de lo que creemos en cómo nos sentimos.

Somos aceptados por Dios mediante Cristo (véase Efesios 2:6). Dios no nos ama porque lo merezcamos, sino porque Él es bueno y misericordioso, y quiere amarnos (véase Efesios 2:4-5). El anhelo de aceptación que sentimos solamente puede ser verdaderamente satisfecho en Jesús. Él no lo da solamente cuando somos buenos y lo retira cuando no lo somos. Dios nos acepta porque creemos en su Hijo Jesucristo, y no debido a lo que hagamos o no hagamos (véase Juan 3:18). ¡Es usted amado, aceptado y querido!

Ha sido usted escogido

Hemos sido escogidos por Dios, seleccionados como suyos en Cristo antes de la fundación del mundo (véase Efesios 1:4). Antes de haber tenido una oportunidad de hacer algo bien o mal, ¡Dios decidió que nos quería! Quiero alentarle a pensar realmente en eso y no limitarse a leerlo. ¡Ha sido usted escogido por Dios!

Escribí lo siguiente en *La Biblia de la vida diaria* en la página 1525:

> Uno de los deseos más fuertes que tienen los seres humanos es el de ser amados, ser aceptados y sentir que pertenecen. Queremos un sentimiento de conexión y de pertenencia a algo o alguien. Queremos sentirnos valorados. No se nos puede garantizar conseguir eso siempre en nuestra relación con las personas, pero podemos obtenerlo de Dios. Aunque Dios lo sabe todo acerca de nosotros, y me refiero a todo, aun así sigue escogiéndonos a propósito. Según Efesios 1:4, Él nos escogió a propósito para ser de Él y pertenecerle. Le aliento a que diga en este momento en voz alta: "Yo pertenezco a Dios".
>
> Dios nos apartó para sí mismo e hizo provisión en Jesús para que fuésemos santos, intachables y consagrados. Podemos vivir delante de Él en amor sin reproche. Eso significa que no tenemos que sentirnos culpables y mal acerca de todas nuestras debilidades y fallos. Usted y yo no somos ninguna sorpresa para Dios. Él sabía exactamente lo que obtendría cuando nos escogió. Dios no nos escogió y después quedó defraudada debido a nuestras incapacidades. Dios tiene esperanza en nosotros, y Él cree en nosotros y está obrando para ayudarnos a ser todo aquello que Él tiene en su plan para nosotros.
>
> Le aliento a relajarse en el amor de Dios. Aprenda a

recibir el amor de Dios. Piense en ello, dele gracias por ello, y esté atento a la manifestación de ese amor en su vida diaria. Dios muestra su amor por nosotros de muchas maneras, pero con frecuencia no somos conscientes de ello. Él nos ama primero para que nosotros podamos amarle a Él y también a otras personas. Dios nunca espera que demos algo que antes Él no nos haya dado. Su amor es derramado en nuestros corazones por el Espíritu Santo, y Él quiere que vivamos delante de Él en amor.

Deje que el amor entre y el amor salga. Está usted destinado a ser un canal por medio del cual Dios se mueva, y no una reserva que meramente se queda quieta y recibe bendiciones de Dios. Él nos bendice y nos hace ser una bendición. Las bendiciones entran y las bendiciones salen. Usted es especial, y Dios tiene un plan especial y único para usted. ¡Emociónese por eso y regocíjese!

Jesús nos anima incluso cuando fallamos

Babe Ruth fue el rey de los jonrones del béisbol de todos los tiempos. Pero ¿sabía que también fue el campeón de eliminaciones de todos los tiempos? Fue eliminado casi el doble de veces que golpeó jonrones. Él sabía que tenía que arriesgarse a fallar a fin de conseguir esos jonrones. Cuando le preguntaron el secreto de su éxito, Ruth respondió: "¡Yo no dejo de lanzar!".[1]

Puedo imaginar que los seguidores jaleaban cuando Babe conseguía un jonrón, pero es probable que no le jaleasen cuando fallaba. Es la naturaleza de la gente jalear solamente cuando les estamos dando lo que quieren, pero creo que Jesús sigue animándonos cuando fallamos en la vida. ¿Por qué? No porque se alegre de que hayamos cometido un error, sino simplemente porque sabe que si nos jalea cuando estamos abatidos, su ánimo nos ayudará a ponernos de pie otra vez. Él está con nosotros todo el tiempo en la vida y no solamente los momentos en que conseguimos jonrones. ¿No es consolador y capacitador saber que Dios le ama igualmente cuando falla que cuando obtiene un logro? Para mí, lo es.

Cada día no será un día de éxitos para nosotros, pero podemos estar seguros en el conocimiento de que Dios nos ama con un amor perfecto y eterno.

He observado entre las personas que son grandes seguidoras de los deportes lo mucho que les encantan y jalean a sus jugadores favoritos cuando les va bien, y lo rápidamente que comienzan a criticar cuando los jugadores llegan a un bache y no rinden bien durante un periodo de tiempo.

Estoy contenta de que cuando yo estoy en un bache, Dios me sigue jaleando y diciéndome que puedo recuperarme en lugar de rechazarme y dejarme sola, dándome la espalda. Todos nuestros días no son días de logros, pero siempre nos recuperaremos y obtendremos otra vez victorias si tenemos el ánimo adecuado. Si usted no puede obtener el ánimo que necesita de parte de las personas, entonces comience a escuchar a Dios, porque su Palabra está llena de una alentadora carta de amor tras otra escritas directamente a usted.

La aceptación engendra confianza

En mi libro titulado *Confianza*, que habla de la libertad de ser uno mismo, dije: "La falta de confianza se equipara a una falta de revelación con respecto a quién es usted en Cristo". Aunque escribí este libro hace muchos años, sigo sintiendo lo mismo, solamente que con más fuerza

> La falta de confianza se equipara a una falta de revelación con respecto a quién es usted en Cristo.

que nunca antes. Yo no encontré sanidad para mi alma hasta que recibí el amor y una relación correcta con Dios mediante la fe en Jesús. Cuando lo hice, mi confianza aumentó. Nuestra confianza debe estar profundamente arraigada en Cristo y en su amor y compromiso con nosotros. Cuando aprendemos a sentirnos bien con nosotros mismos y seguros en nuestra relación con Dios, somos capaces de dar un paso y hacer cosas asombrosas en la vida, aunque al principio tengamos que hacerlas aunque sea con miedo. Eso es posible porque sabemos que es permisible si fallamos ocasionalmente, mientras sigamos estando en posición para batear.

> *Seguimos regresando más fuertes, no más débiles, porque no permitiremos que el rechazo nos venza. Solamente fortalecerá nuestra resolución. Para ser exitosos, no hay ningún otro camino.*
>
> Earl G. Graves (autor y editor)

Creo que cualquiera que haya experimentado rechazo y los sentimientos de no ser querido y después se recupere, en realidad es más fuerte que alguien que nunca haya experimentado ninguno de esos sentimientos. Ser derribados en la vida y volver a levantarnos nos ayuda a edificar una resolución que es vital para el éxito. El autor Paul Sweeney lo expresó de esta manera: "El verdadero éxito es sobreponerse al temor a no ser exitoso".[2]

El temor al rechazo es un temor profundamente arraigado que afecta a muchas personas. Cuando una persona vive con miedo a que alguien pudiera desaprobarla o rechazarla, este temor se filtra hasta los poros de su ser. Vacila a la hora de confiar en otros o comprometerse en las relaciones porque duda de que será aceptado.

Las heridas del pasado evitan que muchos se abran y vivan en libertad. En lugar de tratar el dolor del pasado y seguir adelante en Dios, vuelven a revivir el dolor y viven cautivos al temor de que volverá a suceder.

Pero la Biblia da una gran esperanza a la persona que haya sido rechazada: Jesús entiende ese dolor porque lo experimentó Él mismo. Entiende los sentimientos que se producen cuando las personas nos apartan y nos hacen sentir devaluados. Quizá por eso Jesús utilizó el último versículo en el libro de Mateo para decirles a sus discípulos: *[…]Y les aseguro que estaré con ustedes siempre, hasta el fin del mundo.*

En sus últimos momentos en la tierra, Jesús quería que aquellos hombres supieran que nunca estaban solos. Aunque otros pudieran rechazarles, aunque otros pudieran abandonarles, Él nunca lo haría. Jesús estaría con ellos en toda situación, cada día, a pesar de todo.

Y al igual que Jesús estaba con sus discípulos, Él está también con usted. No tiene que tener temor al rechazo del hombre porque tiene un amigo en Jesús. Puede que le hayan rechazado en el pasado; puede que haya sufrido abuso y dolor por parte de quienes debían protegerle; puede que vacile en abrir su corazón y volver a ser vulnerable, pero no permita que el temor le robe la vida que Jesús vino para darle.

¡Él le acepta! ¡Él se deleita en usted! ¡Él está con usted siempre!

Saber que tiene una completa aceptación por parte de Jesús le dará confianza para hacer cualquier cosa que necesite o que quiera hacer en la vida. Puede vivir una vida libre, plena y emocionante si se niega a conformarse con algo menos que eso. Tiene usted un tremendo potencial tan sólo a la espera de ser desarrollado, pero recuerde que debe estar dispuesto a la eliminación algunas veces a fin de conseguir jonrones.

CAPÍTULO 12

El temor a ser incompetente

Todo lo puedo en Cristo que me fortalece.

Filipenses 4:13

Intente identificar a la figura histórica leyendo el siguiente párrafo:

> *Cuando tenía siete años, mi familia se vio obligada a salir de nuestra casa debido a un tecnicismo legal. Tuve que trabajar para ayudar a sostener a mi familia. A los nueve años, mientras aún era un muchacho tímido y retraído, mi madre murió. A los 22, perdí mi trabajo como dependiente en una tienda. Quería ir a la facultad de derecho, pero mi educación formal no era lo bastante buena. A los 23, me metí en una deuda para llegar a ser socio en una pequeña tienda. Tres años después mi socio murió dejándome una inmensa deuda, la cual necesité años para reparar. A los 28, después de desarrollar relaciones románticas con una joven durante cuatro años, le pedí que se casara conmigo. Ella me rechazó. A los 37, en mi tercer intento, finalmente fui elegido para el Congreso de los Estados Unidos. Dos años después, volví a presentarme y no conseguí la reelección. Tuve un colapso nervioso en ese tiempo. A los 41, añadiendo sufrimiento adicional a un matrimonio ya infeliz, mi hijo de cuatro años murió. Al año siguiente me presenté para oficial de bienes raíces y perdí. A los 45,*

me presenté para el Senado y perdí. Unos años después,
me presenté para la vicepresidencia y perdí. A los 49, me
presenté otra vez al Senado y perdí. Y a los 51, fui elegido
presidente de los Estados Unidos.

¿Quién soy?

Mi nombre es Abraham Lincoln.

La vida de Lincoln fue un continuo fracaso; pero él si-
guió adelante y probablemente llegó a ser el más grande
presidente en la historia estadounidense. Él entendía que
el fracaso no es definitivo.[1]

Creo que el legado de Abraham Lincoln y su influencia en el mundo solamente se sintieron porque él entendió que el fracaso no es definitivo. Parece que Lincoln no se sentía incompetente aunque experimentó mucho rechazo, y con bastante frecuencia no fue exitoso. ¡Eso sí es alguien que podría haberse sentido no querido! Si se hubiera sentido incompetente, sin duda habría abandonado pronto en la vida, y el mundo se habría quedado sin los dones y talentos increíbles que él tenía. El ejemplo que Lincoln estableció es prueba para mí de que independientemente de cuántas veces fracasemos en la vida, si seguimos agarrando de nuevo el bate, finalmente golpearemos un jonrón. Él fracasó en muchas cosas y, sin embargo, no fue un fracaso definitivo, y estoy segura de que se debió a que él se negó a sentirse derrotado e incompetente. Nadie puede saber por qué fracasó tantas veces antes de experimentar el éxito, pero su vida es prueba de que podemos tener éxito si no tiramos la toalla.

Usted tiene lo necesario

Los pensamientos de incompetencia suenan algo parecido a lo siguiente: *yo no soy capaz, no creo que tenga lo necesario, no puedo, yo no soy, me falta…* Esos pensamientos y otros similares nos roban la visión y la creatividad para ser lo mejor que podamos ser. Yo he aprendido, mediante la Palabra de Dios y mis propias experiencias, que sin duda puedo hacer cualquier cosa que Dios quiera que yo haga por medio de Él. Eso significa literalmente que Él nos dará la capacidad que necesitamos si confiamos en que Él lo haga. No podemos hacer cosas que estén en contra de la voluntad de Dios, pero si Dios quiere que hagamos una cosa, podemos tener la seguridad de que Él proveerá todo lo que necesitemos para la tarea. Quizá la próxima vez que intente hacer algo que parece que no puede hacer, debería preguntarse a usted mismo si está haciendo lo que Dios quiere que haga, o si meramente es lo que usted quiere hacer. Si es tan sólo su plan y no está funcionando, entonces déjelo, pero si está seguro de que es la voluntad de Dios para usted, ¡entonces no abandone!

> *Si Dios quiere que hagamos una cosa, podemos tener la seguridad de que Él proveerá todo lo que necesitemos para la tarea.*

Con frecuencia oigo a personas expresar temores acerca de su incompetencia en diversas áreas, pero una que oigo con frecuencia es el temor a su incompetencia para ser un buen padre o madre. Tienen tanto miedo a cometer errores, que no pueden operar en los dones naturales que Dios nos da para ser padres. ¿Hay malos padres? Claro que sí, pero no son personas que estén buscando ser buenos padres. Si usted verdaderamente quiere ser un buen padre, puede relajarse porque gran parte de ello es sentido común. Yo fui educada en un hogar muy disfuncional y puedo decir con seguridad que no tuve una buena educación; sin embargo, fui una buena madre para cuatro hijos que aman a Dios todos ellos y les va bien en la vida. Yo oraba cada noche para ser una buena esposa y una buena madre, y cuando hacemos eso, se abre la puerta para que Dios nos ayude. Yo no fui una madre perfecta de ninguna manera, y tampoco lo será usted, pero no necesita sentirse incompetente para ser padre o madre. En realidad, no debería sentirse incompetente para hacer cualquier cosa que tenga que hacer en la vida. Puede que seamos incompetentes para muchas cosas sin la ayuda de Dios, pero en Él y por medio de Él podemos hacer todas las cosas (véase Filipenses 4:13).

El temor a ser incompetentes es tan sólo otra manera de decir que tenemos miedo al fracaso. El temor a la incompetencia roba nuestra confianza. Sin confianza, por lo general ni siquiera intentaremos cosas, e incluso si lo hacemos, no somos exitosos porque en lo profundo de nuestro ser en realidad no creemos que podemos hacer lo que nos hemos propuesto hacer. Si nosotros no creemos en nuestro éxito, entonces ¿quién lo hará? No podemos motivar a otras personas a que confíen en nosotros si no confiamos en nosotros mismos. Sé que en un rincón de la mente de muchas personas sigue estando el inquietante pensamiento que dice: ¿Y si fracaso? Pero es momento de ignorar ese pensamiento y en cambio escuchar a la valentía. La valentía no pregunta: "¿Y si fracaso?". La valentía pregunta: "¿Y si tengo éxito?".

¿Recuerda lo que el muchacho pastor, David, preguntó cuando oyó a Goliat expresar maldiciones e insultos contra Dios y contra los ejércitos de Israel? David, lleno de valentía, preguntó: "¿Qué dicen que le darán a quien mate a ese filisteo y salve así el honor de Israel?" (1 Samuel 17:26). Mientras todos los demás estaban pensando: ¿Y si fracaso? David pensaba: ¿Y si tengo éxito?

Es importante observar que la mayoría de los éxitos no son "éxitos de la noche a la mañana". Creo que es seguro decir que hay reveses en casi toda aventura. Suceden cosas que no esperábamos, y algunas de ellas son flechas de Satanás para hacernos creer que somos incompetentes para esa tarea concreta, o quizá para cualquier tarea. Muy pocas personas sencillamente deciden lo que quieren hacer y obtienen un éxito inmediato, e incluso si eso sucediera, no estoy segura de que fuese bueno para ellas. Por lo general, apreciamos más nuestros éxitos si tenemos que hacer una inversión genuina a fin de obtenerlos. Con frecuencia digo que mi mayor testimonio es simplemente: "Sigo estando aquí". Lo que quiero decir con eso es que aunque haya habido muchos reveses a lo largo de mi viaje, no abandoné. Con la ayuda de Dios, seguí agarrando el bate y finalmente conseguí algunos jonrones.

De camino al éxito fracasando

"El fracaso no es una opción" es una cita de muchas personas con personalidades tipo A, pero en realidad, millones de personas no pueden fracasar porque ni siquiera han comenzado. No intentan nada, especialmente nada que esté fuera de lo común, debido al temor a ser incompetentes y fracasar. Su temor les mantiene atrapados en una vida segura, estrecha, aburrida y frustrante. Tienen metas, esperanzas y sueños que nunca se cumplirán porque no quieren fracasar.

Muchas veces, la respuesta para el progreso está realmente en el fracaso. La historia de Michael Jordan es fascinante, porque él es uno de los mejores jugadores de baloncesto de todos los tiempos y, sin embargo, no fue capaz de entrar en su equipo en la secundaria. Michael Jordan dijo: "He fallado más de nueve mil tiros en mi carrera. He perdido casi trescientos partidos. He fallado una, y otra, y otra vez en mi vida, y por eso tuve éxito".[2] Mire, solamente quienes están dispuestos a seguir fallando a veces también disfrutarán de esos momentos de éxito.

Thomas Edison dijo: "Caminé al éxito fallando".[3] Henry Ford dijo: "Quien tiene temor al fracaso limita sus actividades.

El fracaso es solamente la oportunidad de comenzar de nuevo de manera más inteligente".[4] John Maxwell escribió un libro entero que enseña a las personas cómo "caer hacia adelante". Pensar así evitará que el fracaso sea permanente.

Un líder de alabanza muy popular al que conozco suspendió en clase de música. Yo apenas aprobé en clase de inglés, y he escrito más de 100 libros y tengo un programa de televisión diario en el que comparto el evangelio con personas en todo el mundo.

Leí sobre dos cantantes y el modo en que su reacción a los síntomas de nerviosismo antes de salir al escenario les afectaba de manera completamente distinta. Uno de ellos quería retirarse por completo, y para el otro era una señal que decía: "¡Llega el espectáculo!". Yo he predicado miles de veces; sin embargo, miro con frecuencia mis notas y me pregunto si tendré suficiente que decir. Estos tipos de sentimientos no son un problema a menos que permitamos que nos detengan. Debemos sobreponernos al temor y "hacerlo aunque sea con miedo".

Temor al fracaso: señales y síntomas

El temor al fracaso, al igual que todos los temores, evita que disfrutemos de algún aspecto de la vida. El temor al fracaso es con frecuencia uno de los temores más paralizantes. A veces podemos estar tan preocupados por fracasar, que no intentamos una actividad que queremos probar, y terminamos con resentimiento hacia otras personas que disfrutan de su vida mientras nosotros nos quedamos sentados a un lado y observamos. Otras veces, nuestro temor al fracaso es tan fuerte que de manera subconsciente mina nuestros propios esfuerzos de modo

> *El único modo de saber si podemos hacer una cosa es intentar hacerla y ver.*

que no tengamos que seguir intentándolo. El temor es tan fuerte que produce la derrota que nos temíamos.

El temor al fracaso por lo general está causado por algún acontecimiento traumático temprano en la vida, como padres, hermanos o maestros que nos menospreciaban. También puede estar causado por algún acontecimiento que causó una gran vergüenza. No ayuda que nuestra cultura demande tanta perfección. La perfección es una ilusión, pero las personas que tienen fobias no probarán nada hasta que sientan que su perfección está garantizada, algo que ninguno de nosotros puede tener. El único modo de saber si podemos hacer una cosa es intentar hacerla y ver. ¡Dé el paso y compruébelo! Incluso una tortuga no puede llegar a ninguna parte a menos que saque el cuello de su caparazón.

Si usted da el paso y lo intenta, puede que no termine con perfección, pero es mejor que quedarse atascado sin hacer nada.

La ansiedad es un síntoma del temor. Alguien dijo que la ansiedad es la prima hermana del temor, y que podemos definir la ansiedad como experimentar temor de antemano. La ansiedad roba nuestra "vida presente" porque mentalmente y emocionalmente estamos mirando hacia delante y pensando que habrá un resultado negativo de algún tipo. Pensar que podría perder mi empleo roba el gozo de tener un empleo. Tener miedo a la enfermedad causa estrés y nos roba la salud. Estar ansiosos por nuestra capacidad de educar adecuadamente evita que recibamos sabiduría de Dios para hacerlo. El temor de cualquier tipo no tiene ningún resultado positivo. Roba todo lo bueno que Dios quiere para nosotros y evita que disfrutemos de cualquier cosa que sí tenemos.

Le aliento a esperar que algo bueno suceda en lugar de estar ansioso porque no sucederá. Cuando trabajamos con anticipación, es más divertido, y con frecuencia puede ser un punto de vista que se cumple por sí solo. Dios es bueno y quiere que esperemos que Él sea bueno con nosotros (véase Isaías 30:18). Dios está esperando ayudarnos en todo lo que necesitemos hacer en la vida; lo único que Él quiere es que le invitemos a ayudarnos. La verdad es que la mayoría de nosotros somos muy incompetentes sin la ayuda de Dios, pero en Cristo podemos hacer cualquier cosa que tengamos que hacer en la vida.

¿Ha conocido alguna vez a alguien que siempre tiene un comentario un poco sarcástico o negativo que hacer acerca de las personas que son exitosas? Yo sí, y siempre supuse que era debido a los celos. Estoy segura de que los celos desempeñan un papel en el problema, pero también he llegado a pensar que si una persona tiene necesidad de menospreciar el éxito de otro con comentarios negativos, puede que se deba a sus propios temores. Quizá haya tenido temor al fracaso, y su resentimiento contra quienes están teniendo éxito es únicamente un síntoma de ese temor. Las personas que hacen esos comentarios podrían decir cosas como las siguientes: "Yo tendría éxito también si hubiera nacido con una cuchara de plata en mi boca". O: "No es que tenga tanto talento, tan sólo tuvo suerte". Comentarios como esos son meramente prueba de que resentimos el éxito de los demás, y no hay razón alguna para tener resentimiento si nosotros hemos hecho todo lo que podemos hacer para obtener nuestros propios éxitos. Yo digo con frecuencia: "No tenga celos de lo que otra persona tiene si no quiere hacer lo que esa persona hizo para obtenerlo".

¿Qué cree sobre usted mismo?

Yo insto a las personas a que se detengan y hagan un inventario de cómo se sienten consigo mismas. Muchos de nuestros problemas son que no nos sentimos muy bien con nosotros mismos. Dios nos asigna valor y nos capacita con dones, capacidades y talentos, y necesitamos creer que para Dios todas las cosas son posibles. Los sentimientos de incompetencia a menudo provienen de compararnos a nosotros mismos con alguna otra persona, pero Dios no nos pide que seamos alguien distinto a nuestro propio y único yo. Puede que yo no sea capaz de hacer lo que otra persona puede hacer, pero yo puedo hacer lo que puedo hacer, y con frecuencia es algo que ninguna otra persona puede hacer. ¿Se siente usted pequeño, minimizado, o sencillamente incapaz? Si es así, no es la primera persona en sentirse de esa manera.

Muchas de las personas que denominamos héroes de la Biblia tuvieron que enfrentarse a los mismos sentimientos de incompetencia que nosotros. Moisés se sentía incompetente para la tarea a la que Dios le llamaba. Realmente le dijo a Dios que tenía al hombre equivocado y que tenía que darle esa tarea a otro. Moisés dijo: "¿Y quién soy yo para presentarme ante el faraón y sacar de Egipto a los israelitas?" (Éxodo 3:11). Quizá muchos de nosotros hayamos hecho esa pregunta cuando tuvimos delante una gran oportunidad. Las personas podrían incluso decirnos: "¿Quién te crees que eres?", y comprensiblemente, porque Dios con frecuencia nos llama a hacer cosas para las cuales no estamos calificados por naturaleza.

Dios respondió a la preocupación de Moisés diciendo simplemente: "Yo estaré contigo" (Éxodo 3:12). La misma razón que Él da como respuesta respecto a todo temor. "No temas porque yo estoy contigo". Lo único que Moisés tenía que hacer era dar el primer paso de fe, y entonces cuando experimentó la fidelidad de Dios, eso le capacitó para dar otro, y después otro, hasta que hubo terminado la tarea.

Zaqueo era un hombre bajito, de tan poca estatura que no podía ver a Jesús junto a la multitud de personas. Pudo haberse sentido incompetente, pero fue agresivo y se subió a un árbol, y terminó teniendo la mejor vista de todos. Jesús también observó su tenacidad, y decidió ir a su casa para cenar.

Pablo fue quizá el mayor de todos los apóstoles, y su nombre significaba pequeño y poco. Yo preferiría tener un nombre que significase fuerte y grande, ¿usted no? Pero ni el nombre de Pablo, ni los errores que cometió en la vida, evitaron que llegase a ser un gran hombre.

Estos tres ejemplos son de personas que tenían razones para sentirse incompetentes pero se negaron a hacerlo. Siguieron adelante dejando atrás sus preocupaciones y temores, pero hay otros ejemplos en la Palabra de Dios de quienes no lo hicieron.

Doce hombres fueron enviados a la Tierra Prometida como espías y debían regresar con un informe. Diez de ellos regresaron y afirmaron que aunque la tierra era buena, había gigantes en la tierra y tenían miedo a entrar. Hicieron la siguiente afirmación: "Comparados con ellos, parecíamos langostas, y así nos veían ellos a nosotros" (Números 13:33). Las personas nos ven del mismo modo que nos vemos a nosotros mismos. Ellos se sentían incompetentes, y los gigantes se dieron cuenta de ello. No había caso alguno en que ellos lucharan, pues habían perdido la batalla antes ni siquiera de comenzar debido a sus temores.

Solamente dos de los espías dieron un buen informe diciendo: "Subamos a conquistar esa tierra. Estoy seguro de que podremos hacerlo" (Números 13:30). Ellos fueron Josué y Caleb, y tenían un espíritu diferente al de quienes tenían temor. Ambos llegaron a hacer cosas grandes y poderosas, pero nunca volvemos a oír de los diez espías que se veían como langostas.

¿Cómo se ve a usted mismo? Se dice que nuestra autoimagen es como una fotografía que llevamos de nosotros mismos. Tome tiempo para detenerse y reflexionar en cómo piensa de usted mismo, porque muchas otras cosas en su vida quedarán determinadas por esos pensamientos.

¿Está su vida en espera?

Un temor a la incompetencia y el fracaso pueden situar su vida en espera. Hace que usted evite cualquier cosa que no considere

> Podemos considerar el dar un paso de fe como emocionante o aterrador; la decisión es nuestra.

totalmente segura o un éxito garantizado. A todos nos gustaría la garantía de que las decisiones que tomemos tendrán buenos resultados, pero ese no es el caso

con frecuencia. "Si me cambio el color del cabello, ¿me gustará?". "Si solicito un ascenso en el trabajo, ¿me lo darán?". "Si me caso, ¿puedo tener la garantía de que seré feliz?". Creo que si tuviéramos esas garantías, quitaría todo el misterio a la vida, y nos sentiríamos seguros, ¡pero aburridos! Gran parte de lo que Dios nos ofrece es un misterio. La fe es un misterio simplemente porque está basada en algo que no siempre podemos ver o sentir. Podemos considerar el dar un paso de fe como emocionante o aterrador; la decisión es nuestra. Yo siento que mi viaje con Dios es emocionante porque no vivo con el temor a cometer un error.

Alguien me llamó la otra mañana y me dijo: "Voy a pedirle algo que realmente es extravagante y un poco loco", y debo admitir que pensé: *Vaya, ¿de qué se trata todo esto?* Incluso volvió a expresar lo loca que era la idea que estaba a punto de presentarme, lo cual realmente me hizo sentir curiosidad. Cuando la persona me dijo lo que quería pedirme, me di cuenta de que yo no podía darle su petición, pero no la menosprecié por haberlo pedido. Incluso pude sugerir otra persona a quien podría preguntar y que quizá podría otorgarle su petición. La persona podría haber estado demasiado asustada para pedirlo, pero su valentía puede que aún dé buen fruto. A veces tenemos que comenzar a movernos a fin de poder saber la dirección que deberíamos tomar. Cuando dé un paso y descubra que su dirección no es la correcta, no abandone; tan sólo dé un paso en otra dirección y no abandone hasta encontrar la dirección correcta.

Según mi opinión, las personas abandonan con demasiada facilidad, y me encantaría ver que las personas sean mucho más persistentes porque creo que esa persistencia da resultados. Aparte su vida del modo "en espera". Deje de estar estacionado y comience a conducir. La pasividad es el parque de juegos del diablo. A él le encanta cuando nos retraemos en temor y no hacemos absolutamente nada; le encanta, pero a nosotros no. Puede que pensemos que estamos seguros, pero en realidad terminamos sintiéndonos desgraciados. Dios nos ha creado para el progreso, el movimiento, el misterio, para tener metas y alcanzarlas. Nos engañamos a nosotros mismos si no buscamos valientemente todo lo que Dios tiene en mente para nosotros.

No puedo, no lo hice, y no lo hago

No se enfoque en lo que no puede hacer, lo que no hizo y lo que no hace, sino en cambio enfóquese en lo que puede hacer, lo que ha hecho y lo que está haciendo. Sin duda, debemos vernos a nosotros mismos y nuestras vidas de una manera *"No ha terminado hasta que haya terminado, y aún no ha terminado".* positiva. Pensar demasiado en lo que no hicimos en el pasado y en las cosas que no funcionaron sencillamente evitará que lo intentemos de nuevo. Propóngase enfocarse en una cosa en la que haya tenido éxito y que le vigorizará para probar otra cosa. Usted tiene potencial, no es incompetente, es capaz, ¡y nos estará robando al resto de nosotros si no lo cree!

Quizá su experiencia con usted mismo en el pasado no haya sido de éxito, pero yo siempre digo: "No ha terminado hasta que haya terminado, y aún no ha terminado".

Quizá sienta que la vida le ha lanzado debajo del autobús, pero aún puede decidir levantarse y conducir ese autobús si quiere hacerlo. Nunca es demasiado tarde para un nuevo comienzo con respecto a cómo enfocamos la vida. Si ha sido temeroso en el pasado, o se ha sentido incompetente, ¡hoy es el mejor día para un cambio! ¡Que este sea el día en que usted comience a hacerlo "aunque sea con miedo"!

CAPÍTULO 13

Tengo miedo a no estar haciendo suficiente

¿Qué tenemos que hacer para realizar las obras que Dios exige?
Juan 6:28

Mientras creamos que debemos hacer algo para ser aceptados por Dios, siempre nos preguntaremos si estamos haciendo suficiente. "¿Qué necesito hacer?" parece ser una de las preocupaciones en oración más frecuentes. Es la misma pregunta que la multitud le hizo a Jesús, tal como se registra en el versículo anterior.

Una encuesta a nuestros empleados en el ministerio reveló la misma preocupación. La pregunta número uno que ellos dijeron que les gustaría hacer a Jesús fue: "¿Cómo puedo saber cuándo estoy haciendo suficiente?". No me sorprende la encuesta, porque esa fue mi mayor pregunta durante muchos largos años. Puede que no haya puesto mi temor en forma de pregunta todo el tiempo, pero seguía dando vueltas y vueltas en mis pensamientos. ¿Estoy haciendo suficiente? ¿Oré bastante tiempo? ¿Estoy haciendo suficientes buenas obras para agradar a Dios? ¿Vi demasiada televisión ayer, o debería haber pasado ese tiempo trabajando? Yo quería saber lo mismo que la multitud quería saber, y lo mismo que muchos de ustedes quieren saber...¿Se agrada Dios?". "¿Estoy haciendo suficiente?". "¿Se agrada Dios de mí, o está decepcionado y quizá incluso enojado conmigo?".

Este temor quizá sea uno de los más atormentadores que experimentamos porque nunca nos permite descansar o relajarnos. Constantemente sentimos que necesitamos estar haciendo algo más, y aun así con frecuencia no sabemos qué hacer. Tenemos miedo a que Dios no se agrade, y el temor da como resultado no conocer verdaderamente el carácter de Dios, o el plan de salvación llevado a cabo en Jesucristo.

Imaginemos que un hombre y una mujer tienen cuatro hijos, y cada mañana los niños corren hasta sus padres y dicen: "¿Qué podemos hacer hoy por ustedes para conseguir que nos acepten?". ¿Cómo haría sentir eso a los padres? Si yo estuviese en lugar de ellos, pensaría: "¿Qué estoy haciendo mal que haga que mis hijos crean que necesitan comprar mi amor con buenas obras?". Si, por otro lado, ellos se acercaran a mí y dijeran: "Mamá, te amamos tanto que queremos hacer algo por ti hoy; ¿qué podemos hacer para bendecirte?". ¡Eso me haría sentir tan bien que daría saltos y aplaudiría! ¡Vaya! Me sentiría apreciada, valorada y honrada, y lo mismo le sucedería a cualquiera de ustedes que sean padres. Yo quiero que mis hijos me bendigan porque me aman, y no porque tienen miedo de mí.

Nunca podemos hacer suficiente

La verdad es que nunca podemos hacer suficiente para Dios a pesar de lo mucho que hagamos. Sé que eso suena frustrante y derrotista, pero es una buena noticia cuando entendemos que Jesús ha hecho todo lo que había que hacer, y nada de lo que podamos hacer nunca mejorará la tarea que Él hizo. El verdadero descanso llega cuando podemos decir: "No tengo que

> *Jesús ha hecho todo lo que había que hacer, y nada de lo que podamos hacer nunca mejorará la tarea que Él hizo.*

hacer nada para conseguir que Dios me ame y me acepte". Independientemente de lo buenos que seamos, nunca somos lo bastante buenos para cumplir la norma de Dios sin Jesús. Debemos presentar a Dios todo lo que Jesús es y entender que estamos delante de Dios "en Cristo", y no en nosotros mismos. Tenemos acceso al trono de gracia de Dios debido a la sangre de Cristo, y no debido a nada que nosotros podamos hacer nunca.

> *En él, mediante la fe, disfrutamos de libertad y confianza*
> *para acercarnos a Dios.*
>
> Efesios 3:12

Tome un momento y entienda el hermoso significado de este versículo. Podemos acudir delante de Dios "valientemente" y "sin temor" a causa de nuestra fe en Él, no porque hayamos batallado y agonizado el tiempo suficiente para ser capaces de decir: "Finalmente he hecho suficiente".

Cuando oramos en el nombre de Jesús, estamos presentando al Padre todo lo que Jesús es, no lo que nosotros somos. Por eso oramos en su nombre y no en nuestro propio nombre.

> *Cualquier cosa que ustedes pidan en mi nombre, yo la*
> *haré; así será glorificado el Padre en el Hijo. Lo que*
> *pidan en mi nombre, yo lo haré.*
>
> Juan 14:13-14

Queremos descansar

Tenemos el deseo de descansar, no sólo físicamente sino también espiritualmente, mentalmente y emocionalmente. Tenemos una profunda necesidad y deseo de entrar en lo que la Escritura denomina "el reposo de Dios". Jesús dijo que si acudimos a Él, Él nos dará descanso para nuestras almas (véase Mateo 11:28).

El apóstol Pablo nos enseña que podemos entrar en el reposo de Dios si creemos (véase Hebreos 4:3).

Queremos descansar del agonizante temor a no haber hecho lo suficiente, lo cual entonces conduce a presionarnos a nosotros mismos para intentar hacer más, y más, y más. Tomemos la decisión de creer la Palabra de Dios, y en el momento en que lo hagamos, entonces y solamente entonces podremos descansar del agotamiento de nuestras propias obras.

Nuestra aprobación ha sido comprada con la sangre del sacrificio de Jesucristo. ¡Somos comprados y pagados, y ahora le pertenecemos a Dios! ¡Él se agrada si simplemente creemos en lo que Jesús hizo por nosotros!

> *Ésta es la obra de Dios: que crean en aquel a quien él envió—les respondió Jesús.*
>
> Juan 6:29

Jesús respondió a la multitud con las palabras registradas anteriormente, y su respuesta se sigue aplicando a nosotros que tenemos la misma pregunta que ellos tenían. Usted puede relajarse porque los requisitos de Dios han sido cumplidos todos ellos en Jesús.

> *Usted puede relajarse porque los requisitos de Dios han sido cumplidos todos ellos en Jesús.*

Sé que eso suena demasiado bueno para ser verdad, y puede que tenga miedo a creer que ya no necesita tener temor a no estar haciendo lo suficiente, ¡pero le prometo que eso es verdad!

Un corazón puro

Hay cosas que Dios quiere que hagamos. Él nos ha llamado a dar buen fruto, y el apóstol Juan nos dice que Dios es glorificado cuando damos mucho fruto, fruto abundante (véase

Juan 15:28). Pero nuestro motivo para hacer la obra es en lo que Dios está verdaderamente interesado. Si nuestro motivo (la razón por la que estamos haciendo la obra) no está en consonancia con la voluntad de Dios, entonces la obra es rechazada como falsa, y perdemos toda la recompensa relacionada con esa obra (véase 1 Corintios 3:13-15).

Nuestras obras deben hacerse motivadas por la fe y no por el temor. Deben hacerse para dar algo a Dios, no para obtener algo de Él. Este sería un momento excelente para detenerse y preguntarse a usted mismo por qué está haciendo las diversas cosas que hace. Me encanta hacer lo que yo denomino "comprobación de motivos". Es muy fácil engañarnos a nosotros mismos con respecto a nuestros motivos, y por eso es bueno tomar tiempo ocasionalmente para pedirle a Dios que nos muestre cualquier cosa que pudiéramos estar haciendo con un motivo equivocado.

No deberíamos hacer lo que hacemos a fin de obtener aprobación de Dios, sino que deberíamos hacer esas cosas porque le amamos. No debemos hacer buenas obras para ser vistos por los hombres, o para ser aplaudidos, admirados, o que piensen bien de nosotros. Para que una obra sea pura, debe cumplir las siguientes calificaciones.

1. La obra hecha para Dios debe hacerse de modo puro porque le amamos a Él.
2. La obra hecha para Dios debe hacerse en obediencia a Él y a su Palabra.
3. La obra hecha para Dios debe hacerse por fe, dependiendo totalmente de Él y confiando en Él para el éxito de la obra.
4. La obra hecha para Dios debe hacerse para glorificarle.

5. La obra hecha para Dios no debería hacerse para obtener reconocimiento, admiración o aplauso de la gente.

Los ojos de Dios miran por toda la tierra buscando a alguien cuyo corazón sea puro delante de Él (véase 2 Crónicas 16:9). Un corazón puro es mucho más importante para el Señor que un historial perfecto de buenas obras. Aunque no es posible tener perfección en toda nuestra conducta, es totalmente posible tener un corazón perfecto hacia Dios. Una persona con un corazón perfecto sería alguien que desea profundamente agradar a Dios en todas las cosas, y siempre está abierta al crecimiento y al cambio motivado y dirigido por el Espíritu Santo.

> Un corazón puro es mucho más importante para el Señor que un historial perfecto de buenas obras.

En Mateo 5:48 se nos amonesta a "ser perfectos", pero el significado de la frase es crecer hasta la madurez completa en piedad tanto en mente como en carácter. Espiritualmente, estoy creciendo todo el tiempo, pero aún no he llegado a la perfección, y tampoco lo ha hecho ningún ser humano. El apóstol Pablo afirmó que él seguía adelante hacia la meta de la perfección, pero que no había llegado (véase Filipenses 3:11-13).

No viva en el temor a no haber hecho suficiente y a que Dios esté enojado con usted, o a que la puerta hacia su presencia esté cerrada para usted. Puedo asegurarle que si verdaderamente cree en Jesús y en la obra que Él hizo en lugar de usted, está haciendo lo suficiente.

Como mencioné anteriormente, sin duda es deseo de Dios que hagamos buenas obras. Santiago dijo que la fe sin obras es muerta, y estoy totalmente de acuerdo, pero las obras que se hacen sin fe también son muertas. Tenga verdadera fe en Dios y en sus promesas primero, y entonces seguirán las obras, pero serán obras puras hechas con un corazón puro. Es imposible tener una relación con Dios genuina por medio de Cristo y no desear profundamente agradar a Dios. Cuando entendamos lo que Jesús ha hecho por nosotros, le amaremos tanto que hacer cosas para Él y para su gloria se convierte en nuestra motivación para vivir.

Relájese y mire la obra que Jesús hizo por usted, y recuerde siempre que las obras que usted haga no compran su aceptación delante de Dios. La aceptación ya ha sido comprada con la sangre de Cristo. Las obras que nosotros hacemos es nuestro modo de decir "gracias" a nuestro increíble Dios, que nos ama tanto que envió a su único Hijo a redimirnos de nuestro pecado y nos ha sentado en los lugares celestiales con Cristo.

Porque tanto amó Dios al mundo, que dio a su Hijo unigénito, para que todo el que cree en él no se pierda, sino que tenga vida eterna.

Juan 3:16

CAPÍTULO 14

El temor al hombre

Así que podemos decir con toda confianza: "El Señor es quien me ayuda; no temeré. ¿Qué me puede hacer un simple mortal?".

Hebreos 13:6

Cuando nos acercamos al tema del temor, vienen muchas cosas a la mente: temor al fracaso, temor al peligro o a dañarnos a nosotros mismos o a nuestros seres queridos, temor a perder lo que tenemos, temor a no estar haciendo lo suficiente para agradar a Dios, y otros. Pero si hay un temor que sobresale por encima de todos los demás, proyectando la sombra más grande, quizá sea el temor al hombre.

El temor al hombre para muchas personas es un temor adictivo y siempre presente que intenta maximizar la posición del hombre y minimizar el poder de Dios. El temor al hombre es el resultado de situar a otros, sus opiniones de nosotros y su importancia o su poder percibido, por encima de Dios.

Salomón lo expresó de esta manera...

Temer a los hombres resulta una trampa, pero el que confía en el Señor sale bien librado.

Proverbios 29:25

En este versículo, el rey más sabio de Israel nos da tanto el riesgo como la recompensa. El temor al hombre es una trampa. Nos atrapará si se lo permitimos. Ponemos en riesgo nuestra libertad cuando tenemos temor al hombre; sin embargo, no tenemos que caer presa de su engaño. Cuando nos apoyamos y ponemos nuestra confianza en el Señor, experimentaremos la recompensa de no temer al hombre, y estaremos seguros y situados en alto.

Una historia de mi propia vida expresa el modo en que el temor al hombre nos quita nuestra libertad para ser nosotros mismos y tomar nuestras propias decisiones:

Debido a inseguridades que se desarrollaron en mi niñez y una desesperada necesidad de amistades y aceptación, yo caí en la trampa de decir y hacer lo que pensaba que otros querían en lugar de ser sincera. Existía cierto grupo dentro de la iglesia a la que mi esposo, mis hijos y yo asistíamos que habría sido considerado el grupo de "élite", el grupo más buscado para formar parte de él. Esos miembros controlaban muchas de las decisiones que se tomaban en la iglesia, y ellos más o menos decidían quién estaba en su grupo y quién no. Grupos así existen en la mayoría de lugares y, tristemente, la iglesia por lo general no está exenta de ellos. Están en escuelas, barrios, gobiernos, donde trabajamos, y sí, en la iglesia.

Yo trabajaba muy duro para ser parte de ese grupo y ser amiga de una mujer en particular que tenía mucho poder dentro del grupo. Sabía que si podía ganarme su amistad y su aceptación, podría ser parte del "grupo". A fin de obtener su aprobación, tenía que hacer todo lo que ella quería, ¡y me refiero a todo! Finalmente me gané su aceptación, pero rápidamente descubrí que tenía que mantenerla del mismo modo en que la había obtenido. Después de poco tiempo me di cuenta de que estaba en una trampa y que había renunciado a mi derecho a ser yo misma. Lo interesante es que salir de una relación como esa es con frecuencia más difícil que entrar. No puede hacerse sin alguna explosión de cierto tipo, y eso significaba que muchas personas lo sabrían y probablemente me culparían a mí. Ya que con frecuencia no podemos enfrentarnos a la idea de la posible explosión y sus efectos, nos mantenemos atados; yo lo hice.

Es posible que usted haya experimentado el mismo tipo de relación que estoy describiendo, o incluso es posible que actualmente tenga una así. Será necesaria mucha valentía para ser libre, especialmente si esa relación se ha convertido en un patrón habitual en su vida.

Sé que quiere saber el final de mi historia, así que la terminaré antes de continuar. A medida que me iba cansando más de ser controlada y me encontré queriendo escapar, tuve que considerar los beneficios que ella me proporcionaba y preguntarme a mí misma si estaba dispuesta a perderlos. Mire, me invitaban a todas las fiestas correctas, estaba al tanto de todo tipo de secretos acerca de muchas personas en la iglesia, y tenía la distinción de ser su "mejor amiga". Permitirle que me controlase me proporcionaba aceptación por parte de otros, y yo tenía que decidir si estaba dispuesta a renunciar a todo eso.

Cuando meditaba en cómo manejar esa situación, tuve un transformador encuentro con Dios. Él tocó mi vida de manera muy profunda y me llamó a enseñar su Palabra. Yo estaba emocionada, como mínimo, pero rápidamente descubrí que mis denominadas amistades no estaban tan emocionadas. Sentían que yo me había vuelto demasiado religiosa y estaba siendo engañada, y dejaron claro que si seguía el curso que Dios había puesto delante de mí, estaría fuera del grupo y ya no sería bienvenida en la iglesia. Finalmente, los ancianos de la iglesia, muchos de los cuales eran parte del grupo junto con el pastor, se reunieron con Dave y conmigo y nos pidieron que dejásemos la iglesia porque, según su opinión, yo estaba engañada y estaba siendo rebelde.

¡Vaya! Decir que fue doloroso ni siquiera comienza a describir lo que tuve que soportar. Desde entonces he llegado a apreciar esa parte dolorosa de mi vida. Dios me reveló que aquellas personas no eran verdaderos amigos, y Él me ahorró mucho más dolor organizando mi salida. Yo no tuve que decidir irme...¡me echaron! ¡No es una gran manera de comenzar un ministerio!

Me gustaría poder decir que aprendí la lección y nunca repetí otra vez ese error, pero lo repetí al menos en otras dos ocasiones que yo recuerde. Lo mismo sucedió en la siguiente iglesia a la que asistía. Yo estaba en el liderazgo en esa iglesia, y para entonces enseñaba la Palabra de Dios y finalmente me sentía valorada, pero que una vez más me permití ser controlada por personas a fin de obtener y mantener la posición que tenía, al igual que la aceptación de ciertas personas. Yo tenía una importante posición, y me proporcionaba admiración, pero pagaba un alto precio por ello.

No diga "sí" cuando su corazón grita "no"

¿Ha tenido alguna vez un jefe en el trabajo que requería más de usted de lo que era justo, pero tenía usted miedo a decirlo? ¿Ha sido parte alguna vez de un grupo de personas que dejaron claro que usted estaría "fuera" si no hacía lo que ellos querían? ¿Ha tenido alguna vez

> *El dolor del rechazo es intenso y la mayoría de nosotros haríamos casi cualquier cosa para evitarlo.*

alguien en su vida que era una persona controladora y manipuladora, y usted sabía en lo profundo de su ser que necesitaba hacer frente a esa persona pero aun así no lo hizo? ¿Ha sentido presión de grupo? La mayoría de nosotros lo hemos hecho alguna vez, pero las personas que tienen graves problemas con el temor al hombre por lo general son personas heridas, temerosas e inseguras que han experimentado rechazo y no quieren volver a experimentarlo. El dolor del rechazo es intenso y la mayoría de nosotros haríamos casi cualquier cosa para evitarlo.

Aunque nadie quiere ser rechazado, es muy importante que sigamos a Dios en lugar de seguir al hombre. Hay veces en que podemos agradar a Dios y también al hombre, pero no siempre es ese el caso. Cuando tenemos que escoger, siempre deberíamos escoger a Dios. Cuando no obedecemos a Dios a fin de agradar a personas, perdemos nuestra paz y terminamos experimentando condenación. Nada se siente tan mal como saber que no deberíamos hacer algo pero de todos modos lo hacemos.

Recuerdo cómo me sentía yo durante aquellos años en que decía "sí" a las personas aunque mi corazón estaba gritando "no". Me sentía culpable, presionada e incluso enojada porque me estaba permitiendo a mí misma ser controlada. Ponía excusas para mi conducta que me engañaban para creer que estaba haciendo lo correcto, pero en lo profundo de mi ser sabía que no era así. Por ejemplo, me decía a mí misma que simplemente estaba facilitando que se llevasen bien conmigo, manteniendo la paz o adaptándome a otros. Todo eso puede ser bueno, y son cosas que la Palabra de Dios nos alienta a hacer, pero no al costo de no caminar en sabiduría o desobedecer a Dios.

La mayoría de nosotros habremos oído la frase: "No sea un hombre de 'sí'". No sea el tipo de persona que hace lo que todos los demás quieren que haga todo el tiempo, al costo de perder su propia identidad y libertad. Y si está usted en esa trampa en este momento en su vida, entonces es momento de ser libre y comenzar a ser fiel a su propio corazón incluso si tiene que hacerlo aunque sea con miedo. Permita que le recuerde que el temor no puede ser conquistado de ningún otro modo aparte de hacerle frente y hacer lo que debería hacer, incluso si tiene que hacerlo aunque sea con miedo.

El apóstol Pablo aseguró a aquellos a quienes ministraba que podían contar con que él sería fiel y leal en toda su conversación. Deberíamos hacer un compromiso a ser del mismo modo. ¡No tenga dos caras! Sea el tipo de persona que dice las cosas de veras, y que quiere decir lo que dice.

> *Pero tan cierto como que Dios es fiel, el mensaje que les hemos dirigido no es "sí" y "no".*
>
> 2 Corintios 1:18

Las personas podían contar con que Pablo era fiel y sincero con ellos, y creo que esa es la base para todas las relaciones verdaderamente buenas y saludables. No sólo deberíamos ser fieles con los demás, sino que también deberíamos darles permiso a ellos para ser fieles con nosotros. No intente nunca forzar a las personas a hacer lo que usted quiere que hagan, sino en cambio aliéntelas a seguir su propio corazón.

Jesús habló de la importancia de ser fieles y veraces cuando dijo...

> *Cuando ustedes digan "sí", que sea realmente sí; y cuando digan "no", que sea no. Cualquier cosa de más, proviene del maligno.*
>
> Mateo 5:37

Dios ciertamente nunca nos conduce a que seamos personas que queremos agradar a los demás o a que caigamos en la trampa del temor al hombre. Nunca nos conduce a decir "sí" a las personas cuando sabemos en nuestro corazón que deberíamos decir "no". Tampoco nos conduce a decir "no" cuando sabemos que deberíamos decir "sí". Ser sinceros con nosotros mismos y con los demás es vital para nuestro crecimiento espiritual y nuestra libertad.

Podríamos mantener un empleo diciendo siempre al jefe lo

que quiere oír en lugar de ser sinceros, ¡pero nos sentiremos desgraciados! Podríamos mantener nuestras amistades diciéndoles siempre lo que quieren oír, ¡pero nos sentiremos desgraciados! Jesús no murió por nosotros para que pudiéramos sentirnos desgraciados; ¡murió para que pudiéramos ser libres!

El temor al hombre nos aleja de nuestro destino

No creo que sea una exageración decir que hay más personas que no cumplen su destino de las que sí lo hacen, y el temor al hombre es una de las causas.

A fin de hacer lo que Dios nos esté guiando a hacer, a menudo tenemos que ser malentendidos o posiblemente incluso rechazados por las personas. Jesús vino a hacer la voluntad de su Padre celestial y ayudar a la humanidad; sin embargo, fue rechazado. Hacer lo correcto no siempre garantiza aceptación de las personas.

En algún momento en la vida, cada persona debe decidir si será alguien que "agrada a los demás" o que "agrada a Dios". Nuestra meta debería ser agradar a Dios a pesar de cuál sea el costo. Puede que nos cueste nuestra reputación o alejarnos de algo a lo que no queremos renunciar, o hacer algo que no queremos hacer, pero al final las recompensas bien merecen la pena el sacrificio.

> En algún momento en la vida, cada persona debe decidir si será alguien que "agrada a los demás" o que "agrada a Dios".

Jesús tuvo que perder su reputación para hacer la voluntad de Dios, pero su reputación en la actualidad es excelente en todo el mundo. Yo perdí mi reputación con mi pequeño grupo de supuestas amistades en la iglesia a fin de hacer la voluntad de Dios, y durante un tiempo estuve sola, pero Dios ha sustituido aquellas personas que me rechazaron por muchos amigos genuinos y una mejor reputación de la que aquellos antiguos amigos podrían haberme dado jamás.

El apóstol Pablo dijo que si él hubiera estado intentando ser popular con las personas, nunca se habría convertido en un apóstol (véase Gálatas 1:10). Él siguió a Dios y cumplió su destino. Hay otras personas mencionadas en la Biblia que quisieron seguir a Jesús porque creyeron en Él, pero no lo hicieron por miedo a ser expulsados de la sinagoga (véase Juan 12:41-43). Se perdieron su destino porque quisieron ser amados y admirados por las personas.

> *Preferían recibir honores de los hombres más que de parte de Dios.*
>
> Juan 12:43

Cuando leo esa escritura, me entristece pensar en todas las personas que han perdido su destino por la misma razón. Valoraron su reputación delante de los hombres más que delante de Dios. Cuando nos enfrentamos a ese tipo de desafíos en la vida, deberíamos considerar seriamente las consecuencias de tomar la decisión equivocada. Como la mayoría de nosotros sabemos, los seres humanos son bastante volubles y siempre cambian en sus compromisos, de modo que es necio ciertamente permitir que nos gobierne el temor a ellos.

Si usted ha cometido errores en el pasado, por favor recuerde y crea que nunca es demasiado tarde para volver a comenzar. Unas cuantas decisiones correctas con frecuencia pueden deshacer los resultados de una mala decisión. Cualquiera que esté respirando tiene una oportunidad aún de tener una vida estupenda. Lo único que hay que hacer es comenzar de inmediato a seguir a Dios en lugar de seguir a las personas.

El temor a lo que piense la gente

El temor al hombre es con frecuencia meramente el temor a lo que los demás piensen de nosotros, pero en realidad ¿qué puede tener que ver con nosotros un pensamiento de otra persona? ¿Es el orgullo el que nos hace preocuparnos demasiado por lo que piensen los demás? ¡Yo creo que así es! Lo que tememos no es lo que los demás piensen, ¡sino lo que piensen de NOSOTROS! Se trata de nosotros.

La sencilla definición de orgullo es "Yo". Yo quiero. Yo pienso. Yo siento. Yo necesito. El orgullo es definido en el diccionario *Vine's Greek Dictionary* como tener elevados pensamientos, o pensar de modo más elevado de uno mismo de lo que debiéramos. Nuestra preocupación acerca de lo que piensan las personas de nosotros es normalmente excesiva, y crea temor y nos conduce a ser personas que queremos agradar a los demás. ¡Debemos tratar primeramente nuestro orgullo antes de que pueda ser erradicado este temor! Hiere nuestro orgullo considerar que alguien pueda pensar o decir algo crítico sobre nosotros, pero no nos derrotará si verdaderamente sabemos quiénes somos en Cristo y lo mucho que Él nos ama y se interesa por nosotros. Dios dice muchas cosas buenas de nosotros en su Palabra, así que no deberíamos preocuparnos por las personas que nos critican.

Mi esposo es un hombre muy seguro y realmente no le importa lo que la gente piense de él. Siempre dice: "Si estoy haciendo lo que creo en mi corazón que es correcto y otra persona piensa mal de mí, ese no es mi problema; está entre esa persona y Dios".

> *Estar excesivamente preocupados por lo que otros piensen es una pérdida total del tiempo, porque de todos modos no podemos controlar completamente lo que otros piensan.*

Estar excesivamente pre-ocupados por lo que otros piensen es una pérdida total del tiempo, porque de todos modos no podemos controlar completamente lo que otros piensan. Ciertamente, es agradable tener una buena reputación, y todo el mundo quiere que piensen bien de ellos; sin embargo, no debemos convertirnos en personas que agradan a los demás a fin de llegar a alguna parte.

Independientemente de lo que hagamos, a alguien no le gustará, y habrá alguien que pensará de nosotros otra cosa distinta a lo que nosotros nos gustaría que pensara, así que ¿por qué dejar que nos controle? El salmista David dijo: "No tengo miedo. ¿Qué me puede hacer un simple mortal?" (Salmos 118:6). Y el escritor de Hebreos citó a David en Hebreos 13:6 repitiendo lo mismo: "No tengo miedo. ¿Qué me puede hacer un simple mortal?". Necesitamos decir eso mismo diariamente, o quizá varias veces al día. Seamos prácticos con esto y meditemos en la pregunta. "¿Qué puede realmente hacerme el hombre?". Quizá pueda rechazarnos, evitar que consigamos algo que queremos o herir nuestros sentimientos, pero lo que pueda hacernos es menor cuando lo comparamos con lo que Dios puede hacer por nosotros cuando caminamos en obediencia a Él.

Incluso si una persona tiene éxito al arrebatarnos algo, Dios lo devolverá en mejor condición de la que estaba cuando lo perdimos. Yo perdí mi reputación, pero ahora es aún mejor de lo que era cuando la perdí. Perdí mis amistades, pero ahora tengo más amigos de los que tenía entonces; y amigos genuinos. Para tener la gloria que Dios desea para nosotros, puede que pasemos por un periodo de sufrimiento, pero ese sufrimiento nos lleva a lo mejor que Dios tiene para nosotros. Si ponemos a Dios en primer lugar en todo lo que pensamos, siempre nos irá bien en la vida. Busquemos primero el Reino de Dios y su justicia, y todas las demás cosas que necesitemos nos serán añadidas (véase Mateo 6:33).

> *De todos los memoriales en Westminster Abbey, no hay uno que provoque un pensamiento más noble que el que está inscrito en el monumento a Lord Lawrence; simplemente su nombre, con la fecha de su muerte y estas palabras: "Temía tan poco al hombre porque temía mucho a Dios".[1]*

Cuando nuestro temor a desagradar a Dios sea mayor que nuestro temor a desagradar al hombre, venceremos el temor al hombre.

El temor a compartir nuestra fe con otros

Parte de la enseñanza del cristianismo es que deberíamos compartir nuestra fe con otros con la esperanza de conducirles a una relación con Cristo. Muchas personas tienen miedo a hacer eso porque les preocupa lo que otros pensarán de ellos.

Norman Cates compartió la humorística historia de un muchacho cristiano que hacía esta oración cada mañana: "Señor, si tú quieres que dé testimonio a alguien hoy, por favor dadme una señal para mostrarme quién es". Un día, se encontraba en un autobús cuando un hombre grande y fornido se sentó a su lado; el hombre comenzó a llorar. Entonces clamó en alta voz: "Necesito ser salvo. Soy un pecador perdido y necesito al Señor. ¿No habrá alguien que me diga cómo ser salvo?". Se giró hacia el cristiano y rogó: "¿Puede mostrarme cómo ser salvo?". El creyente inmediatamente inclinó su cabeza y oró: "Señor, ¿es esto una señal?".

Una historia de humor, sin duda, pero para algunos de nosotros podría ser necesario un acontecimiento como ese para hacer que compartamos nuestra fe. El temor a ser rechazados o que piensen mal de nosotros evita con frecuencia que compartamos nuestra fe en Cristo. No necesitamos hacer tragar el evangelio a quienes no tienen interés, pero deberíamos ser bastante valientes para compartir cuando sea obvio que Dios está abriendo la puerta o cuando haya personas que nos digan que están sufriendo y necesitan respuestas a sus problemas. Jesús es la respuesta a los problemas en el mundo, y es fácil compartir acerca de Él si no estamos inmovilizados por el temor a lo que las personas piensen de nosotros.

Yo asistí a una iglesia en particular cuando era una mujer muy joven que deseaba estar en el ministerio, y esa iglesia ponía un fuerte énfasis en testificar para Cristo. Instaban a las personas a repartir tratados del evangelio dondequiera que fuesen. Yo lo hacía aunque no era cómodo hacerlo, y finalmente llegué al punto en que ni siquiera quería salir porque sentía que tenía que compartir con todo aquel que se me cruzara en el camino. Había hecho una ley de compartir mi fe en lugar de confiar en que Dios me diese gracia para hacerlo cuando fuese el momento correcto y con la persona correcta.

No tiene sentido intentar hacer que alguien que no tiene hambre coma, y es igualmente inútil intentar decir a alguien que necesita a Jesús en su vida si esa persona no cree que necesite nada, y mucho menos a Jesús. Al presionar a las personas o parecer fanáticos, incluso podemos hacer que estén más decididas a pensar que un cristiano es algo que ellos no quieren ser.

He aprendido a permitir que Dios me ponga en el lugar correcto en el momento adecuado y abra la puerta para que comparta mi fe. A veces esa puerta se abre con mucha rapidez, pero otras veces he estado cerca de alguien hasta durante unos años antes de que llegase el momento correcto que hablarle. Pero mientras tanto, sigo testificando con el ejemplo de mi vida. Finalmente, las personas sienten curiosidad o tienen una necesidad en su vida que hace que estén abiertas a hablar conmigo. Cuando su corazón está abierto y ha sido preparado por Dios, el resto es fácil. Mientras yo estoy esperando el momento adecuado, podría ofrecerles un libro o una Biblia. Nunca intento ocultar mi fe, y tampoco debería hacerlo usted. Ore para que Dios le dé oportunidad, y cuando la puerta esté abierta, entre con valentía y no permita que el temor a lo que esa persona pensará le detenga.

Yo hablo sobre Dios de modo natural todo el tiempo porque mi relación con Él es parte de mi vida y no es algo que yo intente ocultar. Por ejemplo, frecuentemente digo a las personas que oraré por ellas, o podría decir como respuesta después de que me hablen de un problema: "¿Por qué no le pide a Dios que le ayude con eso?". A veces ni siquiera tengo una respuesta, pero estoy plantando pequeñas semillas con la creencia de que finalmente esas semillas echarán raíces en los corazones de las personas.

Jesús les dijo a sus discípulos que Él les haría pescadores de hombres (véase Mateo 4:19), así que podría decir que creo que siempre deberíamos estar pescando almas, pero no podemos sacar la caña si ellas no han mordido el cebo. Relájese y confíe en que Dios le guiará cuando se trata de testificar otros acerca de su fe en Cristo.

El temor al hombre ofende a Dios

Si usted prometió a su hijo que cuidaría de él y sin embargo él persistiera en tener miedo al vecino, finalmente eso podría ser ofensivo para usted. Espera que su hijo confíe en usted y sepa que usted no permitiría que nada malo le ocurriera.

Dios se siente de la misma manera con nosotros, de modo que consideremos esta escritura:

Sólo al Señor Todopoderoso tendrán ustedes por santo, sólo a él deben honrarlo, sólo a él han de temerlo.

Isaías 8:13

Dios es bueno y siempre tiene en mente nuestros mejores intereses. Él promete cuidar de nosotros si confiamos en que Él lo haga. Verá las promesas de Dios cumplidas en su vida cuando camine hacia ellas. Crea en su corazón y confiese con su boca que confía en que Dios cuidará de usted y que no tendrá temor a lo que el hombre pueda hacerle. Como he dicho una y otra vez en este libro, puede que usted sienta temor, pero no tiene que permitir que el sentimiento controle sus acciones o sus decisiones. Sienta el temor y de todos modos haga lo que sabe que debería hacer.

Dios está por usted, y si Él está por usted, ¡entonces no marca diferencia alguna quién esté contra usted! No permita que el hombre sea grande ante sus ojos y Dios sea pequeño. Dios es mayor que todos los hombres juntos millones y millones de veces. Él creó todo lo que vemos en este universo con una palabra, y seguramente puede cuidar de nosotros.

> *Dios está por usted, y si Él está por usted, ¡entonces no marca diferencia alguna quién esté contra usted!*

Recuerde lo que dijimos al comienzo de este capítulo: el temor al hombre causa trampa, le atrapará y le atormentará, pero cualquiera que se apoya y pone su confianza en el Señor está seguro y situado en alto (véase Proverbios 29:25).

CAPÍTULO 15

El temor a lo desconocido

Todos tenemos un temor a lo desconocido; lo que uno haga con ese temor marcará toda la diferencia del mundo.

Lillian Russell

El temor a lo desconocido es un frecuente temor que las personas tienen. Suena el teléfono y un familiar dice: "Tengo que hablar contigo sobre algo muy importante. ¿Puedes encontrarte conmigo la próxima semana para hablar de ello?". Usted intenta reunir un poco de información de quien llama, pero la persona está decidida a verle cara a cara. Ahora tiene usted una semana para esperar que se produzca la conversación desconocida. ¿Está ese familiar enojado por algo? ¿Hay un problema en la familia que usted no conoce? ¿Hay alguien que va a intentar pedirle dinero prestado?

Lo que usted haga con el temor determinará la calidad de la semana que tiene por delante. Puede intercambiar el temor por confianza en Dios, o puede seguir razonando, dando vueltas en su mente una y otra vez a un problema imaginario hasta que se ponga ansioso y pierda unas cuantas noches de sueño.

¿Ha notado alguna vez que cuando suceden cosas como esa, raras veces imaginamos todo tipo de cosas maravillosas? ¿Por

> *El temor siempre aparece de manera negativa, pero la fe es siempre positiva.*

qué no pensar: *Me pregunto si mi familiar va a regalarme ese auto extra?* O: *Me pregunto si mi ser amado va a hacerme un rico heredero.* El temor siempre aparece de manera negativa, pero la fe es siempre positiva. En una situación como la anterior, podemos rehusar el temor y sustituirlo por fe en Dios. Podemos creer que cualquiera que vaya a ser la noticia, tendremos la gracia para manejar la situación en el momento. Dios no nos promete una vida libre de problemas, pero sí nos promete estar con nosotros en todo momento para darnos la fuerza y la sabiduría que necesitemos para manejar cualquier problema que salga a nuestro camino.

Probablemente haya más en la vida que no conocemos de lo que conocemos, si realmente nos detenemos a pensarlo. No sabemos cuándo o exactamente cómo moriremos. No sabemos cómo será la economía mundial dentro de cinco años, o qué hará el mercado de valores la próxima semana. No sabemos qué tipo de decisiones tomarán nuestros hijos. No sabemos lo que podría estar sucediendo en el interior de nuestro cuerpo sin ser nosotros conscientes de ello. No sabemos si conseguiremos el ascenso en el trabajo que tan desesperadamente queremos, y la historia sigue, y sigue.

Hay mucho que no sabemos, pero podemos aprender a no estar ansiosos y preocupados al respecto. Preocupación es curiosear mentalmente en cosas para las que solamente Dios tiene respuestas. Si supiéramos todo lo que Dios sabe, no necesitaríamos confiar en Él, y ya que toda nuestra relación con Él está basada en la fe, es dudoso que alguna vez estuviéramos con alguna pregunta sin respuesta. Tendremos que llegar a estar cómodos con lo desconocido si queremos alguna vez disfrutar de paz.

Aunque todos decimos que nos gustaría saberlo todo, dudo seriamente de que quisiéramos. En primer lugar, todos descubriríamos algunas cosas inquietantes que después nos gustaría nunca haber descubierto. En segundo lugar, el misterio de la vida es lo que hace que sea interesante. Sería ciertamente muy aburrido si no hubiera ninguna sorpresa esperándonos en la vida.

Misterio

Podríamos decir que la vida es un misterio que se despliega. Cuando somos adolescentes miramos al futuro y con frecuencia no vemos nada. Todo el mundo quiere saber qué quiere hacer cuando crezca, y literalmente no tenemos ni idea. Tenemos que desarrollarlo y descubrirlo por nosotros mismos. Yo me sigo maravillando ante las diversas cosas que hice en la vida antes de finalmente llegar a lo específico que mi vida debía ser.

Fui una niña y adolescente que sufrió abusos, administrativa en una oficina, contable, camarera, casada a los 19 años, abandonada en Nuevo México y California, y finalmente divorciada a los 23, madre soltera de un hijo. Fui gerente de oficina, gerente de créditos, casada de nuevo a los 23 (no esperé mucho para volver a intentarlo), tuve otros dos hijos, fui ama de casa, después más empleos, la mayoría trabajo de oficina, y de repente, para gran sorpresa, llamada por Dios a ser ministro y maestra de la Biblia. ¡Vaya! ¡Sorpresa! ¿De dónde vino eso?

Ninguna otra cosa de las que había hecho en la vida era ni remotamente parecida a lo que estaba a punto de hacer, aunque sí aprendí algo en cada fase que me ayudó en la siguiente. Pero, para mi gran sorpresa, aquí estoy hoy día con un programa internacional de televisión que se retransmite en más de 70 idiomas, autora de más de 100 libros, madre de cuatro hijos, y esposa durante 48 años. Si yo hubiera sabido lo que Dios tenía en mente, estoy bastante segura de que lo habría estropeado, o sin duda habría intentado hacerlo antes de lo que debiera.

Como puede ver por mi historia, las sorpresas en la vida pueden ser maravillosas, pero con frecuencia no lo entendemos a tiempo para disfrutar de la vida mientras las estamos esperando. Yo soy una gran defensora de disfrutar de cada fase de la vida. Me gustaría haberlo hecho yo misma, pero ya que no puedo regresar y vivir mi vida otra vez, al menos puedo alentar a otros a no malgastar los periodos y las fases de sus vidas. Todos nos dirigimos a algún lugar todo el tiempo, así que miremos adelante al futuro con feliz anticipación en lugar de hacerlo con temor atormentador.

A Dios realmente le gusta mucho el misterio. Podemos comenzar con el misterio de nuestro nacimiento. La Biblia dice que fuimos formados "en secreto" y en la región del "misterio" (el vientre de nuestra madre) (véase Salmos 139:15). Job dijo que los tratos de Dios con los impíos son un misterio (véase Job 21:16). Estoy segura de que todos podemos decir un "amén" a eso. Nos preguntamos por qué los impíos parecen prosperar en medio de sus malvados caminos, por qué viven tanto tiempo, especialmente cuando una persona piadosa a la que conocemos muere joven. No podemos entender a Dios simplemente porque nosotros no haríamos las cosas como Él las hace.

En Marcos 4:11 se dice que el Reino de Dios es un misterio. En Romanos 16:25, al igual que algunos otros versículos, se nos dice que todo el plan de la redención es un misterio. Pablo pidió muchas veces en oración que pudiera ser capaz de proclamar valientemente el misterio del evangelio que le había sido confiado. Después de todo, ¿quién podría entender razonablemente que Dios enviase a su precioso Hijo a morir por pecadores y, en efecto, por qué esperó tanto tiempo como lo hizo para hacer eso? Debemos entenderlo con el corazón, porque la mente del hombre no puede entender los caminos de Dios. El plan de Dios y su voluntad se denominan un misterio (véase Efesios 1:9). El misterio de las edades es Cristo en nosotros, la esperanza de gloria (véase Colosenses 1:27). Incluso se hace referencia a la impiedad como un misterio (véase 2 Tesalonicenses 2:7). Y después está el libro de Apocalipsis en la Biblia, ¡y es un misterio tras otro!

Mientras estoy sentada aquí y escribo, tengo cierto tipo de plan para lo que creo que puede haber en mi futuro, pero ciertamente todo ello es un misterio, y solamente Dios sabe con seguridad lo que sucederá. Afortunadamente, he llegado a un lugar de paz con eso, y confío en que suceda lo que suceda, ya sea que me guste o no, Dios estará conmigo y, por tanto, no tengo que temer... y tampoco usted.

Me encanta la siguiente afirmación del apóstol Pablo:

> *Me propuse más bien, estando entre ustedes, no saber de*
> *cosa alguna, excepto de Jesucristo, y de éste crucificado.*
>
> 1 Corintios 2:2

Me parece que puedo oír la pasión en la afirmación de Pablo, y creo que cuando él lo dijo, lo hizo con énfasis. Fue como si hubiera dejado por completo de intentar entenderlo todo, ¡y hubiera tomado la decisión de no conocer nada excepto a Cristo!

Creo que conocerlo a Él es la única manera en que podemos hallar paz con todas las preguntas sin respuesta en la vida. Pablo era un erudito, y descubrir las respuestas a las cosas había sido una gran parte de su vida. Tenía una elevada educación formal, y a veces las personas que tienen ese tipo de educación tienen que aprender a aceptar una fe como la de un niño. Sabemos que Dios se reveló a Pablo de modo asombroso, y no se puede negar, pero como todos nosotros, Pablo finalmente tuvo que confiar sin vista ni entendimiento. No pretendo decir que dejemos de usar nuestro cerebro. Dios nos lo dio, y Él espera que lo usemos, pero no podemos encontrar a Dios con él porque Él es un misterio que no puede ser entendido con la mente finita. Puede ser entendido con el corazón mediante la fe. Es increíblemente relajante cuando finalmente decidimos creer simplemente, y dejar de tener que entender.

Razonamiento y confusión

Yo fui una experta en razonamiento durante la mayor parte de mi vida hasta que tuve unos 50 años de edad. Eso representa muchos años desperdiciados y frustrantes. Mi mente vagaba de un lado a otro intentando encontrar respuestas a cosas que solamente Dios sabía, y Él aún no se las decía a nadie. Dios revela cosas en su tiempo, y no necesariamente cuando a nosotros nos gustaría conocerlas. ¡Él retiene información a propósito a fin de enseñarnos a confiar en Él!

Afortunadamente, en lugar de intentar entender las cosas, podemos confiar en que Dios las revele en el momento correcto. La Palabra de Dios nos exhorta a no apoyarnos en nuestro propio entendimiento, sino en todos nuestros caminos confiar en Dios con nuestra mente y nuestro corazón (véase Proverbios 3:5-6). Pruébelo, y comenzará a disfrutar de la vida más que nunca.

Utilice parte del tiempo que anteriormente empleó en intentar entender las cosas buscando entender mejor a Dios, y entonces tendrá perspectiva también con respecto a secretos y misterios.

> *Pido que el Dios de nuestro Señor Jesucristo, el Padre glorioso, les dé el Espíritu de sabiduría y de revelación, para que lo conozcan mejor.*
>
> Efesios 1:17

Si buscamos conocer *cosas*, puede que nunca conozcamos a Dios como deberíamos, pero si buscamos conocerle *a Él*, podemos estar seguros de que Él nos mostrará todo lo que necesitemos saber en el momento correcto.

El razonamiento no es solamente una pérdida de tiempo, sino que también agota la energía. Es una obra de la carne, y las obras siempre nos dejan sin energía y con frustración. Nada es peor que intentar repetidamente hacer algo que sencillamente no podemos hacer.

> *Si buscamos conocerle a Él, podemos estar seguros de que Él nos mostrará todo lo que necesitemos saber en el momento correcto.*

El razonamiento es también la raíz de la confusión. Es imposible llegar a estar confundidos si nos negamos a intentar entender todas las cosas. Puede que ciertamente meditemos en algo y oremos para tener entendimiento, pero el razonamiento excesivo es otra cosa bastante distinta.

Yo tengo una pauta para mí misma que compartiré aquí. Yo pienso mucho, de modo que en ciertos aspectos supongo que se podría decir que soy una persona "mental". Tengo muchas cosas en las que tengo que pensar, como los muchos mensajes que necesito preparar para programas de televisión y conferencias, al igual que para libros que escribo y entrevistas que hago. Sin embargo, cuando pienso hasta el punto en que comienzo a sentirme confundida, esa es mi señal de que me he alejado del pensamiento sano y he pasado a un razonamiento impío que conducirá a inquietud para mi alma. Dios no es el autor de la confusión (véase 1 Corintios 14:33), de modo que cuando se sienta confundido, deténgase y pregúntese por qué lo está. Descubrirá que está intentando entender algo acerca de lo cual tan sólo debería orar y confiar en que Dios lo revele en el momento correcto.

Puede que tenga miedo a renunciar al instinto humano de "entender"; sé que yo lo hice. Estaba realmente asustada por no tener todas las respuestas, porque entonces me sentía sin control, y no me gustaba ese sentimiento. Dios tuvo que enseñarme que incluso cuando sentía que yo tenía el control, en realidad no lo tenía, y eso es cierto para todos nosotros. Por cualquier cosa que nos las arreglemos para controlar, hay miles de otras cosas sobre las que no tenemos control, y si Dios no mantuviera esas cosas bajo control, todo en nuestra vida sería un caos total. Solamente pensar en no tener todas las respuestas a todo me asustaba, así que tuve que hacerlo aunque fuese con miedo para dejar de razonar.

Cada vez que me sentía confundida y sabía una vez más que estaba en un área en la que no tenía que estar, decía: "Cambiaré este razonamiento por confianza", y lo hice aunque eso me asustase y me hiciese sentir incómoda.

Recientemente alguien me dijo que tenía que reunirse conmigo personalmente para hablar de cierto problema en el área del ministerio, pero no pudimos vernos durante un par de semanas. Me pidieron que yo no les hiciera darme ninguna información antes de esa reunión. Después de pensar en todo aquello durante demasiado tiempo, pensé que sabía cuál era el motivo de que quisieran verme, y con eso me quedé tranquila en mi alma y no pensé más al respecto. Sin embargo, cuando nos reunimos yo estaba totalmente equivocada sobre lo que eso era. A veces, meramente pensar que hemos entendido algo nos tranquilizará; por tanto, ¿por qué no pensar (creer) que Dios lo tiene todo en sus manos y encontrar consuelo en eso?

Preocupación por nuestros seres queridos

El temor a lo desconocido ciertamente aparece cuando comenzamos a pensar en todas las personas a las que queremos y que quizá actualmente no estén tomando buenas decisiones. Nos preguntamos qué pudiera sucederles si no realizan algunos cambios saludables en sus vidas. Cada persona en última instancia tiene la responsabilidad de tomar sus propias decisiones, y no podemos controlar sus decisiones mediante ninguna cantidad de preocupación o interés. Afortunadamente, podemos orar; cuando lo hacemos, Dios tratará con ellos y les dará toda oportunidad de dirigir sus vidas hacia una buena dirección. Si se presenta una oportunidad, puede que podamos darles unas palabras de sabiduría, dirección, o incluso corrección cuando sea adecuado, pero no podemos controlar el destino de otras personas independientemente de lo mucho que nos gustaría hacerlo.

Nos preocupamos por nuestros hijos cuando están creciendo, especialmente por quienes parecen tener "problemas". Una de mis hijas y uno de mis hijos aborrecían la escuela, y sinceramente no les importaba el tipo de calificaciones que obtuvieran. Recuerdo preocuparme mucho por lo que les sucedería en el futuro porque los dos solamente querían divertirse, y parecía que no les interesaba en absoluto ninguna otra cosa aparte de eso. Pero si avanzamos 25 años, el hijo que mencioné es ahora uno de los dos directores generales de Joyce Meyer Ministries. A los 33 años de edad, él maneja una tremenda cantidad de responsabilidad y realiza un trabajo excelente. Como ve, toda aquella preocupación fue inútil. Afortunadamente, yo sí oré, y Dios escuchó esas oraciones junto con las oraciones de otros, y las cosas salieron bien. La hija que mencioné y que apenas sabía lo que hacía a la edad de 17 años, ¡ahora me ayuda a mantener mi vida organizada! Ella es esposa y madre de cuatro hijos, y maneja una gran cantidad de responsabilidad. Creo que puedo decir con seguridad que si usted ora por sus seres queridos, Dios se pondrá a trabajar. Y una cosa es segura: si Dios no puede convencer a una persona para que cambie, sin duda no podremos hacerlo nosotros. Hoy mismo puede usted escoger poner la preocupación por sus seres queridos en manos de Dios y permitirle que Él se ocupe de ellos. Ore y confíe en que Dios está obrando independientemente de lo que usted vea o sienta.

El temor a lo desconocido puede estar siempre presente a menos que nos ocupemos de ello. Dios sabe que no sabemos, y Él nos ama y siempre cuidará de nosotros. Por encima de eso, no hay mucho que tengamos que saber, y cualquier cosa que sí necesitemos saber, Dios seguramente lo revelará en el momento correcto.

CAPÍTULO 16

El temor a cometer errores

Nuestras dudas son nuestros traidores, y nos hacen perder el bien que con frecuencia podríamos ganar mediante el temor a intentarlo.

William Shakespeare

Muchas personas batallan con un potente temor a tomar una mala decisión o elegir erróneamente, ¡y por eso no toman ninguna decisión en absoluto! Se quedan en la indecisión. Mentalmente revisan una y otra vez sus opciones; sin embargo, nunca encuentran una con la que poder conformarse. Quieren una garantía de perfección antes de estar dispuestos a emprender la acción, pero tristemente, a menos que corramos riesgos, nunca decidiremos nada en absoluto. Multitudes de personas están inactivas y paralizadas en el temor simplemente porque no están dispuestas a cometer un error.

Como la mayoría de los temores, el temor a cometer errores tiene un nombre, y se denomina "decidofobia". Es un abrumador e irracional temor a tomar decisiones. Las personas que tienen esta fobia no toman decisiones. Desde luego, no todo el mundo tiene "decidofobia", pero muchas personas tienen doble ánimo y les resulta difícil tomar decisiones. La buena noticia es que hay una cura para la decidofobia, ¡y se llama "hacerlo aunque sea con miedo"! ¡Sienta el temor y hágalo de todos modos!

El tiempo perdido, o incluso una vida perdida, en cierto

modo no le da tanto miedo a la persona indecisa como cometer un error. Los individuos con una vena "perfeccionista" pueden ser especialmente propensos a este temor. En el fundamento de su temperamento existe un deseo de ser perfectos, y con frecuencia pasan muchos años de sufrimiento hasta llegar a manejar la realidad de que todos cometemos errores. Un error es un acontecimiento, no una persona. Puede que cometamos errores, ¡pero *nosotros* no somos errores!

Dios nos invita a una aventurera vida de valentía y creatividad, de exploración y variedad, pero nos la perderemos si vivimos con el temor a cometer errores. ¿Quiere tener una vida estrecha sin ninguna aventura, o una vida amplia y llena de aventura y cosas nuevas?

Estructura

Ciertamente no hay nada de malo en la estructura y, de hecho, todos la necesitamos. La estructura es una cosa buena y hay seguridad en ella, pero cuando nuestras vidas deben estar tan estructuradas que nunca nos desviamos de lo mismo para pasar a lo nuevo, entonces estamos cerrando la puerta a la mejor vida que Dios quiere que tengamos. Dios es un Dios de orden y estructura, pero también le encanta y nos invita a una creatividad apasionada. Aunque Dios es un Dios de orden, he descubierto que cuando sigo el liderazgo del Espíritu Santo diariamente, mi vida está llena de cambios y giros que yo no planeaba o esperaba. Ellos hacen que la vida sea emocionante; es bastante imposible seguir siendo entusiasta acerca de la eterna igualdad.

La igualdad es segura, pero también muy aburrida, y cuando las personas están aburridas, con frecuencia se meten en problemas. Cuando las personas están aburridas con la vida, puede que culpen de su infelicidad a las personas que están más cerca.

Llega a ser culpa de la persona con quien están casados, o de su empleo, o de su iglesia, o de cualquier otra cosa que puedan encontrar para echarle la culpa. Puede que una persona se sienta insatisfecha en su matrimonio, así que se divorcia y prueba con otra persona. Abandona un buen trabajo y pasa su vida saltando de empleo en empleo y nunca sobresale en nada. Quizá en lugar de un divorcio, lo que realmente necesite sea añadir algo de emoción al matrimonio que ya tiene. ¡Haga algo nuevo! ¡Vaya a alguna parte! Trabaje en su matrimonio, y en lugar de esperar pasivamente a que su cónyuge haga algunos cambios, haga usted algo que le sitúe fuera de lo común. Planee unas vacaciones sorpresa, o consiga entradas para una obra de teatro o para un musical. Haga algo que no haría comúnmente y añada algo de emoción a la vida. Un plato de comida puede ser aburrido y no saber a nada, pero si le añadimos un poco de las especias correctas, eso cambia el sabor, y puede que nos encante.

Si usted está aburrido con su trabajo, ¿por qué no solicita ser transferido a otro departamento o ser ascendido dentro de la empresa a un puesto donde tendrá más responsabilidad? Si está aburrido con usted mismo, ¿por qué no prueba un nuevo corte de cabello, o quizá un estilo de ropa "fuera de lo común" de vez en cuando? Quizá al final no le guste, pero entonces le ayudará a apreciar lo que tiene. El temor a cometer errores es lo único que evita que las personas vivan de modo más agresivo. Pensamos: ¿Y si acepto un nuevo puesto en el trabajo y al final no me gusta? O: ¿Y si planeo una sorpresa para mi cónyuge y él o ella no quiere hacerlo? Los "y si…" en la vida pueden robarle todo el entusiasmo, e incluso pueden hacer descarrilar nuestro destino.

Cuando estamos infelices e insatisfechos, el primer lugar donde deberíamos mirar es nosotros mismos. Podemos preguntarnos si nuestra relación con Dios está en buen estado, y si estamos o no siguiendo el liderazgo del Espíritu Santo. Creo que el Espíritu Santo siempre nos dirige a la "vida abundante", y si eso no es lo que estamos experimentando, deberíamos buscar saber por qué.

Muchas personas aman a Dios, pero siguen teniendo miedo a tomar decisiones que les llevarán a cosas nuevas. Podrían tener miedo a enseñar en la clase de escuela dominical que el Espíritu Santo les ha impulsado a dirigir. Podrían tener miedo a hacer un compromiso con un pequeño grupo de estudio bíblico.

> lo que se interpone entre donde estamos y donde queremos estar es hacer siempre lo que no queremos hacer.

No están seguras de querer comprometerse tanto con otras personas, así que se quedan solos y aburridos. Lo que se interpone entre donde estamos y donde queremos estar es hacer siempre lo que no queremos hacer.

Dios ha enviado a su Espíritu Santo a vivir en nuestro corazón, para guiarnos, dirigirnos a toda verdad y a la mejor vida que podamos tener. Pero Él no puede guiarnos a ningún lugar si no estamos dispuestos a seguir. El apóstol Pablo tuvo una increíble vida y ministerio, y podemos ver en sus escritos que él siguió el liderazgo del Espíritu Santo hasta lo mejor de su capacidad. Sin embargo, hubo veces en que él cometió errores... Sí, ¡dije que el apóstol Pablo cometió errores! Sus viajes misioneros incluyeron muchas paradas, y en una ocasión vemos que él intentó ir a Bitinia, pero el Espíritu de Jesús no le permitió ir (véase Hechos 16:17).

Pablo intentó ir a algún lugar a ministrar que no era el lugar correcto donde debía estar, y Dios simplemente le detuvo. La Biblia no nos dice cómo fue él detenido, pero de algún modo captó el mensaje de que eso no era lo que Dios quería que hiciera. Pablo no se deprimió, se escondió en algún lugar y se sintió inseguro porque hubiera cometido un error, sino simplemente fue a la siguiente ciudad. Si usted está inmóvil en este momento debido a un error que ha cometido, ¿por qué no sacudírselo y comenzar a moverse otra vez?

Podemos aprender mucho de este relato de los viajes de Pablo y aplicar el principio que vemos aquí a nuestras propias situaciones en la vida. Yo creo en tener una actitud agresiva que dice: "Prefiero intentar hacer algo que estar satisfecho con no hacer nada". Pablo sabía que era necesario predicar el evangelio, y él estaba ocupado predicándolo. Tuvo más éxito en algunos lugares que en otros, pero siguió en movimiento. No permitió que el temor a cometer un error o a estar equivocado le paralizase y evitase que hiciera algo.

Esta es una actitud que podemos adoptar en nuestras vidas. Podemos decir: "Puede que este no sea el mejor día que haya tenido... pero voy a seguir moviéndome". "No estoy seguro de si esto va a funcionar o no... pero voy a seguir moviéndome". "Sé que el Señor ha prometido no abandonarme ni dejarme nunca... ¡así que voy a seguir moviéndome!".

Las personas que admiramos

La mayoría de nosotros conocemos a alguien en la vida a quien admiramos. Nos sorprenden sus logros y nos gustaría poder haber sido nosotros quienes hicieron lo que ellos hicieron. Lo que puede que no entendamos es que ellos corrieron riesgos para llegar donde están. Recientemente oí a alguien decir: "Si no fracasas ocasionalmente, entonces no estás corriendo riesgos". ¡Eso es muy cierto! Es prácticamente imposible hacer grandes cosas sin correr riesgos. Deberíamos hacer lo que hacemos basados en principios bíblicos de sabiduría, pero no es bíblico no hacer absolutamente nada. Wayne Gretzky lo dijo de este modo: "Siempre fallará el 100 por ciento de los tiros que nunca hace".

La parábola de los talentos relatada en la Palabra de Dios nos enseña esta misma lección. A tres hombres, su amo entregó diferentes cantidades de talentos (dinero), a cada uno según su capacidad. El amo les dijo que se ocuparan de los talentos mientras él estaba en un largo viaje. El que había recibido cinco talentos los invirtió y ganó otros cinco, y ahora tenía diez. El que había recibido dos talentos también los invirtió y obtuvo otros dos. Pero el siervo que había recibido un talento tuvo miedo, y lo enterró en la tierra y le devolvió a su amo solamente el uno que había recibido. Su amo llamó a ese hombre malo, perezoso y ocioso, y el amo le quitó su talento y se lo dio a otro (véase Mateo 25:14-28). ¡Vaya! ¿Fue un amo duro? Después de todo, ¡el pobre hombre tuvo miedo! He llegado a entender que cuando tenemos miedo, podemos esperar fácilmente que personas hagan concesiones especiales por nuestro temor, pero el amo no hizo eso con sus siervos, y no creo que tampoco Dios lo haga con sus siervos. ¡Él espera que confiemos en Él y vivamos valientemente! Incluso cuando sintamos temor, Él espera que lo hagamos aunque sea con miedo.

Puede que admiremos la valentía del apóstol Pedro, que predicó en las calles de Jerusalén el día de Pentecostés y añadió a 3000 personas a la iglesia. Pero recordemos que Pedro mostró temor antes de eso. Él negó a Cristo en el momento de la crucifixión de Jesús debido al temor. Tomás estaba lleno de dudas, lo cual es meramente otra expresión del temor. Los discípulos estaban preocupados porque no habían podido llevar el almuerzo aunque habían visto a Jesús alimentar a miles de personas con el almuerzo de un muchacho. Pero después de la muerte y la resurrección de Jesús y el derramamiento del Espíritu Santo en Pentecostés, ¡vemos hombres cambiados! Ahora estaban llenos del Espíritu Santo, y su presencia en su interior les llenó de valentía como no habían conocido antes de eso.

Cada creyente tiene el privilegio de ser lleno, guiado, enseñado y consolado por el Espíritu Santo. Él nos guiará, e incluso si inicialmente no entendemos su guía, Él nos ayudará a ser redirigidos. Si nos situamos en el camino equivocado, Dios nos hará regresar a la seguridad.

> *Tus oídos lo escucharán. Detrás de ti, una voz dirá: "Este es el camino por el que debes ir", ya sea a la derecha o a la izquierda.*
>
> Isaías 30:21 (NTV)

No tenemos que quedarnos paralizados con temor a cometer errores. Dios ha proporcionado un plan en el que todos ganan para su pueblo. Confíe en Dios y viva valientemente, y cuando cometa errores, confíe en que Dios volverá a ponerle en el camino y usará su error para ventaja de usted.

Ver lo que otros han hecho y el modo en que se sobrepusieron a los errores debería hacernos saber que somos capaces de hacer cosas increíbles también sin vivir con temor. Creo que somos creados para la grandeza. Todo aquel que haya recibido a Jesús en su vida tiene una semilla de grandeza en su interior. Tiene un deseo de estirarse, alcanzar, remontarse y llegar más allá del "ámbito normal" de la vida. Cualquier cosa que hagamos, deberíamos sobresalir en ello. Deberíamos desear ser los mejores que podamos ser y hacer lo máximo que podamos hacer para que el mundo sea un mejor lugar.

> Todo aquel que haya recibido a Jesús en su vida tiene una semilla de grandeza en su interior.

Indecisión

Ser indeciso puede ser un inmenso problema si no lo conquistamos. Puede estar causado por el temor a cometer errores, pero también puede estar causado por el monumental número de decisiones que tenemos que enfrentar.

Un amigo que es misionero en África me contó una historia acerca de él y su esposa que establece un buen punto. Ellos regresan a Estados Unidos en pocas ocasiones ahora, pero la última vez que lo hicieron querían conseguir cereales porque donde viven hay solamente un tipo de cereal disponible. Mi amigo se estacionó delante de la tienda y su esposa entró, pero regresó después de 30 minutos con las manos vacías. Cuando él le preguntó dónde estaban los cereales, ella respondió: "Había tantas opciones, que estaba toda confusa y no compré nada".

En Estados Unidos nos gustan las opciones, pero nos hemos vuelto tan excesivos que ahora es confuso. Tenemos mucha cantidad de ropa en nuestro armario durante largos periodos de tiempo y a la vez sentimos que no tenemos nada que ponernos. Vamos a restaurantes con un largo menú y no podemos decidir qué queremos comer. Tenemos literalmente cientos de canales de televisión y podemos pasar horas pasando de canal en canal y nunca quedándonos a ver un programa. Nuestra gran variedad de opciones se ha convertido en un obstáculo en lugar de ser una ayuda para nosotros, ¡y en la raíz de todo ello está la codicia! Queremos cada vez más, y en la búsqueda de todo ello nos hemos vuelto cada vez más confusos, y con frecuencia cada vez menos satisfechos.

Creo que puede que tengamos que practicar agresivamente el tomar una decisión en lugar de desperdiciar demasiado tiempo intentando tomarla y posiblemente no haciéndolo nunca. Podemos enfocarnos en algunas opciones y después decidir. Podría usted pensar: ¿Y si me perdí la mejor? Pero podría haberse pasado otra hora intentando decidir, y aun así terminar con la opción que escogió. A propósito, esa hora es un tiempo que nunca podrá recuperar. Cuando utilizamos nuestro tiempo, ya sea de manera sabia o poco sabia, se ha ido para siempre. ¡Creo que es mejor no desperdiciarlo!

> *En un mercado gourmet en California, la profesora Lyengar y sus ayudantes de investigación pusieron un quiosco de muestras de jamón Wilkin and Sons. Cada pocas horas cambiaban de ofrecer una selección de 24 tipos de jamón a un grupo de seis tipos de jamón. En promedio, los clientes probaban dos tipos de jamón, independientemente del tamaño de la selección, y cada uno recibía un cupón por valor de un dólar de descuento en los jamones Wilkin and Sons.*
>
> *Aquí está la parte interesante. El 60 por ciento de los clientes eran atraídos al surtido más grande, mientras que solamente el 40 por ciento se detenía ante el pequeño. Pero el 30 por ciento de las personas que habían probado del surtido pequeño decidieron comprar jamón, mientras que solamente un 3 por ciento de quienes estaban frente a las dos decenas de tipos de jamón hicieron una compra. La presencia de muchas opciones puede ser atractivo, pero también parece ser debilitante.*[1]

Parálisis por el análisis

El término "parálisis por el análisis" se refiere a analizar en exceso y pensar en exceso en una situación. Esto complica el proceso de toma de decisiones. Cuando buscamos la decisión que nos asegure que alcanzaremos la perfección, en raras ocasiones podremos tomar ninguna decisión en absoluto. Yo resulto ser bastante agresiva cuando se trata de tomar decisiones, y si hay algo que podría hacer, sería tomar algunas de ellas con demasiada rapidez, pero al menos las tomo.

Siento lástima por las personas que se esfuerzan y sufren por cada decisión. A veces siento que puedo verlas sufrir. Con bastante frecuencia saben que otras personas están esperando que decidan, y eso añade más presión aún a la presión bajo la que ya están. Se necesita valentía para que finalmente digan: "Quiero esto", e incluso cuando lo hacen, por lo general siguen sin estar seguras de haber tomado la decisión correcta.

Yo digo con frecuencia que podemos pensar una cosa hasta la muerte. A lo que me refiero es que podemos quitarle todo el disfrute a una cosa por analizarla demasiado. Lo que podría haber sido un gozo se convierte en una irritación, porque estamos jugando al jockey mental con ella, golpeándola por todo el lugar y sin marcar nunca un tanto. Si tiende usted a ser indeciso y excesivamente analítico, ¿por qué no declarar la guerra a la indecisión y avanzar con valentía con una actitud decisiva totalmente nueva? ¡Quizá una nueva actitud hacia los errores ayudaría!

Una nueva actitud hacia los errores

Enfóquese en estas cosas:

- Todos cometemos errores, y no es gran cosa.
- Hay muy pocos errores de los que no podemos recuperarnos. Tome más tiempo con las decisiones realmente importantes, pero no sufra estrés por todas las cosas pequeñas.
- Sólo porque puede que cometa un error no significa que USTED sea un error.

- Dios envió a Jesús a buscar a personas que cometen errores.
- No tiene que ser perfecto para ser aceptado.
- Si no corre riesgos, vivirá una vida aburrida.
- No puede hacer progresos sin tomar decisiones.
- La mayoría de los errores que comete le molestan a USTED más de lo que molestan a ninguna otra persona.
- Todos sus errores son meramente una lección en progreso.
- Piense más en las muchas cosas que hace correctamente que en las pocas cosas que hace mal.

Tener una actitud sana hacia las cosas es vital si queremos disfrutar de la vida. Ya sea concerniente a errores, fracasos, problemas o pérdidas, la actitud correcta puede cambiar todo. Puede convertir la tragedia en triunfo, el dolor en ganancia, y los errores en milagros. Usted posee su actitud, y es lo único que nadie puede quitarle. Usted, y solamente usted, puede decidir qué tipo de actitud tendrá en cada situación en la vida, y la actitud que escoja determina su nivel de disfrute de la vida. Decida hoy vivir valientemente, y ya no tenga miedo a cometer errores.

CAPÍTULO 17

El temor al enojo y el juicio de Dios

El Señor es clemente y compasivo, lento para la ira y grande en amor.

Salmos 145:8

Me entristece ver a personas vivir con un temor a que Dios esté enojado con ellas debido a sus pecados, debilidades y errores. Dios sí aborrece el pecado, pero ama a los pecadores y está siempre preparado para perdonarnos y restaurarnos cuando pecamos. No reciba la mentira de Satanás que dice que cuando usted tiene pruebas y dificultades en su vida, Dios le está castigando por sus pecados. Aunque la desobediencia puede producir resultados desagradables, debemos recordar que cuando pedimos a Dios que perdone nuestros pecados, Él los lleva tan lejos como está el oriente del occidente, y no los recuerda más (véase Salmos 103:10-12). Nuestros pecados no tienen que separarnos de la bondad de Dios a menos que nosotros lo permitamos. Si Dios solamente bendijera a personas perfectas, entonces nadie recibiría nunca bendiciones en su vida.

¡La naturaleza inherente de Dios es que Él es bueno! Él es bueno todo el tiempo, y solamente hace lo que obra para bien en nuestras vidas. Vivimos en un mundo que no siempre es bueno, y a veces suceden cosas malas a personas buenas. Cuando eso sucede no es justo, pero Dios nunca nos dijo que la vida sería siempre justa. Sí nos promete que Él es un Dios de justicia, lo cual significa que al final, en su propio tiempo adecuado, Él enderezará todas las cosas. Esa promesa me da un gran consuelo y alimenta mi fe para seguir creyendo en Dios para cosas buenas incluso en medio de los problemas.

Me gustan particularmente los siguientes versículos de la Escritura...

> *Toda buena dádiva y todo don perfecto descienden de lo alto, donde está el Padre que creó las lumbreras celestes, y que no cambia como los astros ni se mueve como las sombras.*
>
> Santiago 1:17

Todo lo bueno viene de Dios. Nosotros no nos ganamos ni nos merecemos la bondad de Dios, pero afortunadamente estamos en la parte receptora de ella. Él es bueno porque está en su naturaleza ser bueno, y la Escritura sobre todo nos dice que no hay ni siquiera la menor sombra de variación en la bondad de Dios. Es imposible vivir sin el temor al enojo y el juicio de Dios si no creemos plenamente que Dios es bueno hasta el núcleo mismo de su ser. Permita que lo diga de nuevo: ¡DIOS ES BUENO y Él se deleita en ser bueno con usted! Si no creemos que Él es bueno, entonces automáticamente creeremos que está enojado con nosotros cada vez que cometemos un error. También esperaremos juicio y castigo de su mano.

Mi padre era un hombre enojado, y cada vez que yo no le agradaba recibía castigo de algún tipo, pero Dios *no* es así. La verdad es que podemos arrepentirnos de nuestros pecados, y en lugar de esperar enojo y castigo, podemos esperar el disfrute de la presencia y la bendición de Dios. Dios no está buscando una excusa para castigarnos; Él busca, anhela y espera ser bueno con nosotros.

Por eso el Señor los espera, para tenerles piedad; por eso
se levanta para mostrarles compasión.

Isaías 30:18

Este versículo dice claramente que Dios quiere ser bueno
con nosotros. Sigue diciendo que Él busca a alguien que esté
esperando que Dios sea bueno con él o ella. ¿Qué está usted
esperando en su vida? ¿Se enfoca en sus errores y espera que
Dios le castigue por ellos, o se arrepiente de ellos y espera que
Dios le perdone y que le muestre su favor, bendición y bondad?

Yo creo que deberíamos esperar la bondad de Dios en
nuestras vidas y realmente
hacer de ello algo grande.
Tristemente, con frecuencia
damos mucha importancia a
nuestros problemas y desafíos
y apenas notamos la bondad
de Dios. Aquello en lo que nos

> *Aquello en lo que nos*
> *enfocamos es lo que*
> *proyecta la mayor sombra*
> *en nuestras vidas; por*
> *tanto, deberíamos fijar*
> *nuestros ojos en cosas que*
> *aumenten nuestro gozo, no*
> *en cosas que lo roben.*

enfocamos es lo que proyecta la mayor sombra en nuestras
vidas; por tanto, deberíamos fijar nuestros ojos en cosas que
aumenten nuestro gozo, no en cosas que lo roben. Si no observamos las cosas buenas que Dios hace en nuestras vidas, co-
rremos el peligro de comenzar a pensar que en cierto modo nos
las hemos perdido y que quizá Dios no nos ame tanto como a
las personas que tienen bondad en la vida. Tan sólo imagine:
podríamos ser muy bendecidos y ni siquiera ser consciente de
ello tan solamente porque nos enfocamos en las cosas negativas
que experimentamos en lugar de en las buenas.

Janet es una mujer de unos cincuenta años, y es esposa
de Harry y madre de Andrew, Joshua y Lacy. Tienen una bo-
nita casa, están seguros económicamente y todos ellos tienen
buena salud. Durante los últimos cinco años, Janet se ha ido

deprimiendo cada vez más, y cuando le preguntan qué sucede, ella enseguida ofrece una larga lista de quejas. Su casa es demasiado pequeña, su esposo trabaja demasiado, ella nunca se divierte en la vida, se espera demasiado de ella, y parece que no le sucede nunca nada bueno. Una mujer a la que llamaremos Ana ha conocido recientemente a Janet por medio de otro conocido, y ella no tiene familia, tiene diabetes y sufre un severo dolor de espalda la mayoría de los días. También perdió el empleo que había tenido durante 20 años recientemente, ha tenido que comenzar de nuevo en una línea de trabajo totalmente diferente, y el salario es mucho menor de lo que ella estaba acostumbrada.

Cuando Ana escuchó a Janet lamentarse de sus problemas, le dijo a Janet que cambiaría su vida por la de ella en un segundo. Dijo: "Tú tienes a alguien con quien encontrarte en casa por la noche y con quien puedes hacer cosas y hablar. Tienes hijos a quien amar y que pueden estar orgullosos de ti, tienes buena salud, y ese es uno de los mayores regalos que se puede tener". Ana siguió describiendo las bendiciones que reconocía en la vida de Janet. Ana vio las bendiciones de Janet, pero Janet no podía verlas porque su perspectiva estaba dañada. Ella miraba su vida y veía bendición que no tenía y que otros sí tenían, en lugar de mirar problemas que ella no tenía y que podría haber tenido si Dios no le hubiera estado protegiendo de ellos.

A veces, después de conducir a casa en medio del pesado tráfico pienso: *Me pregunto cuántos accidentes habría tenido yo hoy si Dios no estuviera protegiéndome.* Cuando me siento infeliz porque peso dos kilos más de mi "peso ideal", intento recordar a la mujer que conocí y que tenía un trastorno del metabolismo y debido a eso tenía un sobrepeso de 150 libras (68 kilos). Yo pasé muchos años siendo infeliz, como Janet, hasta que finalmente decidí ser feliz a propósito, y una de las maneras en que pude lograr eso es contando mis bendiciones:

agrandándolas, dándoles una gran importancia, celebrándolas y siendo agradecida por todas ellas.

Algunos de ustedes podrían pensar: *Joyce, en realidad no veo tantas bendiciones en mi vida, ni tampoco siento que Dios sea bueno conmigo. He tenido muchas pérdidas y problemas en mi vida.* Si eso le describe a usted, quiero alentarle con fuerza a "arreglar su enfoque", y comenzar a considerar seriamente todas las maneras en que Dios le está ayudando, protegiendo y proveyendo para usted. ¿Está respirando hoy? Si es así, entonces es un recipiente de la bondad de Dios. ¿Tiene un hogar, un trabajo, familia, amigos? Si la respuesta es sí, entonces está experimentando la bondad de Dios. ¿Tiene comida que comer, agua limpia que beber, ropa que ponerse, y puede caminar, hablar, oír y ver? Si es así, debería estar regocijándose porque Dios es bueno con usted. Quizá no tenga todas esas cosas, pero sí tiene algunas de ellas, y puede regocijarse en lo que tiene. Puedo asegurarle que independientemente de lo difíciles que sean sus circunstancias en este momento, hay incontables personas que están en condiciones mucho peores que usted.

No culpe a Dios

Hace poco conocí a una mujer mientras estaba comprando que me dijo que había experimentado una tremenda pérdida en su vida, y debido a ello sentía que ya no podía seguir confiando en Dios. Este es el caso con muchas personas. Están enojados con Dios porque las cosas no han salido del modo en que ellos pensaban que deberían haber salido en sus vidas. Siempre me entristece ver a alguien con esa mentalidad, porque Dios es su amigo y no la causa de sus problemas. Ellos culpan a Dios de sus problemas cuando deberían confiar en Él para que les ayude a atravesar los problemas.

Al igual que conozco personas que culpan a Dios de sus problemas, también conozco personas que han experimentado una gran tragedia y su testimonio sigue siendo: "¡Dios es bueno!". No podemos determinar la bondad de Dios por la cantidad de pérdida y dolor que tengamos en nuestra vida. Los problemas llegan por razones muy distintas, pero Dios no es la fuente de nuestros desengaños y problemas. Algunos incluso creen erróneamente que cuando experimentan dificultades en la vida, Dios les está castigando por sus pecados, pero están equivocados. Nuestros problemas no provienen de Dios; sin embargo, tenemos un enemigo llamado Satanás, o el diablo, que implacablemente viene contra nosotros. Su meta es robar, matar y destruir, pero Jesús vino para darnos vida, y vida en abundancia (véase Juan 10:10).

No puedo explicar totalmente por qué algunas personas tienen más dificultades en la vida que otras, pero sí sé que Dios nunca permite que llegue contra nosotros más de lo que podamos soportar, y siempre proporciona una salida si confiamos en Él (véase 1 Corintios 10:13). Su liberación puede que no llegue en la cantidad de tiempo que nosotros preferiríamos, pero llegará en el momento correcto. Si no somos librados de nuestra dificultad, entonces Dios nos dará la gracia para soportar con una buena actitud. Nuestra meta debería ser permanecer estables y fuertes en la fe y nunca pensar que Dios ya no nos ama porque estamos teniendo problemas.

> *Dios nunca permite que llegue contra nosotros más de lo que podamos soportar, y siempre proporciona una salida si confiamos en Él.*

¿Cómo podemos decir incluso razonablemente que hemos tenido más problemas que otras personas? Después de todo, no sabemos lo que sucede en las vidas de otras personas. No debemos compararnos con otras personas, de todos modos, pero si quisiéramos intentarlo, tendríamos que comparar toda una vida con toda una vida, y no un acontecimiento comparado con otro. A lo que me refiero es que puede que estemos teniendo dificultad, de modo que cuando miramos a otra persona que parece estar en medio de muchas cosas buenas que suceden en su vida, hacemos la comparación, pero no sabemos lo que esa persona habrá atravesado en el pasado, o igualmente lo que puede que tenga que experimentar en el futuro. Yo tiendo a pensar que todos tenemos nuestra parte de dificultad antes de que nuestra vida termine. La Palabra de Dios nos dice que el cuerpo entero de cristianos por todo el mundo tiene sufrimiento (véase 1 Pedro 5:9). Debemos recordar que si nunca tuviéramos ninguna prueba, no tendríamos necesidad de tener fe en Dios. Las fe confía en Dios para obtener cosas buenas que aún no vemos, pero que creemos que llegarán. Hasta que esas cosas se manifiesten en nuestras vidas, ¡las tenemos por fe! ¡Tenemos el privilegio de creer que las promesas de Dios son verdad!

Se nos insta a resistir al diablo (que es el autor de todas las cosas malas); a ser vigilantes contra él en todo momento, porque anda alrededor como un león rugiente con hambre feroz, buscando a alguien a quien devorar (véase 1 Pedro 5:8-9). No tenemos que confiar en nuestra propia fuerza para resistir al diablo; ¡tenemos el privilegio de confiar en Dios! Podemos entrar en el reposo de Dios y disfrutar de nuestra vida mientras Dios se ocupa de nuestros enemigos y problemas.

Esta mañana hablé con un hombre cuya cuñada murió a los 40 años de edad debido al cáncer. Dejó niños pequeños y un esposo, hermanos y padres, y todos ellos estaban muy tristes y sentían profundamente su pérdida, ¡pero ninguno de ellos culpa a Dios! También conozco a un maravilloso pastor que recientemente perdió a su hermosa esposa a causa del cáncer, y me alegra decir que no le he oído ni una sola vez culpar a

Dios de su dolor y pérdida. De hecho, me dijo personalmente que nunca preguntaría a Dios "por qué" ella murió tan joven. Sentía que por respeto a Dios, él debía seguir confiando en Dios como había hecho en el pasado, y seguir trabajando incluso con más eficiencia en su ministerio hacia los demás. Yo estaba muy orgullosa de él y fui muy inspirada por su actitud de fe en medio de la adversidad.

¿Cómo pueden algunas personas tener una actitud tan buena durante los momentos de pérdida y dolor, mientras que otras rápidamente culpan a Dios e incluso sienten que hicieron algo mal en sus vidas y que están siendo castigadas? Tiene mucho que ver con lo bien que conocemos realmente a nuestro Dios, y nuestra disposición a confiar en Él incluso cuando no tiene sentido para nuestra mente natural. A veces podemos ver los motivos por los cuales suceden cosas, pero la mayoría de las veces no es asunto nuestro, y ni siquiera deberíamos necesitar una razón para todo. La confianza no tiene que saber por qué.

> *La confianza no tiene que saber por qué.*

Podría usted pensar que eso no es lo bastante bueno, y que debe saber por qué suceden cosas malas a personas buenas, mientras que personas malas parecen ser bendecidas. No creo que yo tenga una respuesta general, pero sí sé algunas cosas que compartiré. En primer lugar, el diablo es el autor de todas las cosas malas, y él sigue recorriendo la tierra y esparciendo su desgracia. Hay veces en que nuestra fe es probada y sentimos como si fuésemos ovejas que son guiadas al matadero (véase Romanos 8:36), pero se nos promete que incluso entonces somos más que vencedores por medio de Cristo que nos ama (véase Romanos 8:37).

Decida creer

Cuando hablé con la mujer a la que encontré mientras compraba y que mencioné antes, le dije que tenía dos opciones. Una era continuar como estaba, y ella había dicho que se sentía sola y desgraciada debido a mantener a Dios fuera de su vida. O le sugerí (en realidad le rogué) que podía decidir confiar en Dios incluso en medio de la pérdida que estaba experimentando. Sé que Dios quiere ayudar a esa mujer, pero ella necesita abrir la puerta a creer que Él es bueno y pedirle que haga lo mejor para ella.

Una cosa que Dios requiere de nosotros es que creamos en Él y en sus promesas para nosotros. Él hace todo el trabajo de la provisión, pero no podemos recibir a menos que creamos. Creer es gratuito, no nos cuesta nada, de modo que ¿por qué no hacerlo? Es una decisión que podemos tomar, y una que abre puertas de posibilidad. Creer libera gozo y paz (véase Romanos 15:13), y cualquier otra cosa diferente a eso nos arrastra mentalmente, emocionalmente, espiritualmente e incluso físicamente. Necesitamos esperanza a fin de vivir una vida feliz, y nuestra única esperanza verdadera se encuentra en Dios.

¡Vencemos el temor con la fe! Sin importar el tipo de temor que sea, incluso el temor al enojo y el juicio de Dios puede ser derrotado mediante una fe sencilla y creer como lo haría un niño.

Dios no está enojado con usted

Cuando yo era una niña, siempre temía que me metería en problemas porque mi padre era un hombre enojado, y fue un gran alivio para mí cuando descubrí que Dios Padre no es así en absoluto. Sufrí mucho con los sentimientos de culpabilidad y temor a ser castigada cada vez que hacía mal incluso lo más pequeño. Sentía que cuando las cosas no iban bien en mi vida, estaba recibiendo castigo de parte de Dios, y que tenía que mejorar. ¡Mi creencia era equivocada! Yo no conocía a Dios, ni tampoco conocía su carácter. Pensaba que Él era como mi padre terrenal, pero eso no era cierto en absoluto.

Dios puede enojarse, pero no es un "Dios enojado". Él es bueno, lleno de misericordia y compasión, rápido para perdonar y lento para la ira. El enojo de Dios es hacia el pecado, no hacia los pecadores. La Biblia nos enseña que Jesús es un amigo de los pecadores. Su bondad atrae a los hombres al arrepentimiento. Él aborrece el pecado porque sabe que produce muerte en nuestras vidas y roba todo lo bueno que Dios tiene en mente para nosotros. Dios actúa para llevarnos a una relación de amor con Él, lejos del pecado y la desgracia, y no lo hace amontonando tragedia y pérdida sobre nosotros como pago por nuestros errores del pasado.

Millones de personas sufren debido al engaño de que Dios está enojado con ellas, tal como me pasaba a mí, de modo que el año pasado escribí un libro entero sobre el tema, y se lo recomiendo para aprender más sobre este tema. Se titula simplemente *Amor perfecto*.

No permita que el diablo le haga chantaje

Se cuenta la historia de un pequeño muchacho que accidentalmente mató el pato que era la mascota de su abuela. Golpeó al pato con una piedra en su honda mientras estaba jugando. El muchacho no pensó que le hubiera visto nadie hacer esa mala obra, así que enterró el pato en el patio y no se lo dijo a nadie.

Más adelante, el muchacho descubrió que su hermana había visto todo. No sólo eso, sino que ahora ella tenía el control de su secreto y lo utilizaba. Siempre que era el turno de su hermana para lavar los platos, sacar

la basura o limpiar el auto, ella le susurraba al oído.
"Recuerda el pato". Y entonces el muchacho hacía lo que
su hermana debería haber hecho ella misma.

Siempre hay un límite para ese tipo de cosas. Final-
mente, él ya no pudo soportarlo más, ¡estaba harto! El
muchacho acudió a su abuela y, con gran temor, confesó
lo que había hecho. Para su sorpresa, ella le dio un
abrazo y le dio las gracias. Ella dijo: "Yo estaba en el fre-
gadero en la cocina y vi todo lo que pasó. Te perdoné en-
tonces. Tan sólo me preguntaba cuándo ibas a cansarte
del chantaje de tu hermana y acudirías a mí".

Jesús tomó todo el castigo y el juicio que nosotros mere-
cíamos de parte de Dios, y somos libres para acudir a Él y entrar en una relación íntima de
amor y aceptación. Al igual que
la abuela del muchacho probablemente estaba esperando darle
un gran abrazo, Dios está esperando darnos uno, si nosotros
tan sólo dejamos de permitir
que el diablo nos haga chantaje.

> *Jesús tomó todo el castigo*
> *y el juicio que nosotros*
> *merecíamos de parte de*
> *Dios, y somos libres para*
> *acudir a Él y entrar en*
> *una relación íntima de*
> *amor y aceptación.*

Dios se enfoca en usted y en su amor por usted, no en lo
que usted haya hecho mal en su vida. En lugar de enfocarse
usted mismo en lo que ha hecho mal y en el castigo que teme
recibir, enfóquese en el amor y la misericordia de Dios. ¡Corra
hacia Dios Padre y reciba su abrazo! Enfóquese en el hecho de
que Él es bueno en todo momento, y siga creyendo en sus promesas sin importar cómo se vean sus circunstancias. Las cosas
siempre están cambiando, pero Dios nunca cambia. Él nos ama
para siempre y nunca nos dejará ni nos abandonará.

CAPÍTULO 18

El temor a la intimidad

[La ley]...ya que no perfeccionó nada. Y por la otra, se introduce una esperanza mejor, mediante la cual nos acercamos a Dios.

Hebreos 7:19

Intimidad es cercanía extrema. Por medio de Jesús se nos ofrece una relación cercana e íntima con Dios. Muchos tienen miedo a la intimidad con las personas y también con Dios, pero la verdad es que usted puede estar tan cerca de Dios como quiera estar. Él le está esperando, y no hay ninguna limitación en la maravillosa relación que puede tener con Él si verdaderamente lo desea. También puede tener relaciones cercanas e íntimas con personas; pero al decir eso, también debo decirle que se requiere vulnerabilidad, y no se puede tener la una sin la otra.

Con frecuencia renunciamos a la intimidad porque no queremos correr el riesgo de resultar heridos. Tenemos miedo a que si las personas realmente llegan a conocernos íntimamente, puede que no les gustemos, o queden asombradas por la verdad que vean. Escuché que intimidad significa "En-mí-para-ver". Eso lo dice todo. Si queremos intimidad, debemos estar dispuestos a permitir que las personas miren en nosotros, y debemos estar dispuestos a mirar en ellas y no quedar asombrados o abatidos por lo que descubramos. Pero antes de llegar demasiado lejos en cuanto a hablar de intimidad con las personas, hablemos de intimidad con Dios.

Intimidad con Dios

Bajo el sistema legalista del viejo pacto que demandaba seguir reglas y regulaciones, las personas no experimentaban frecuentemente intimidad o cercanía con Dios. Meramente intentaban agradarle cumpliendo las reglas y haciendo sacrificios de animales y otras cosas para pagar por sus errores. Este sistema les mantenía ocupados, pero no les llevaba cerca de Dios. Un muro de separación estaba erigido siempre entre Dios y el hombre. Dios es santo y los hombres son pecadores, y su pecado les separa de Dios. Afortunadamente, Dios no estuvo dispuesto a dejarnos en ese estado. Él tenía un plan para nuestra liberación, y su nombre es Jesucristo, el Hijo de Dios, quien tomó forma de un ser humano y vino a la tierra para pagar por nuestros pecados y abrir de par en par la puerta de acceso a Dios.

El día en que Jesús murió y pagó por los pecados del hombre, los cielos se oscurecieron, la tierra tembló, y el grueso velo o cortina en el templo que separaba el lugar santo del lugar santísimo fue rasgado en dos desde arriba hacia abajo (véase Lucas 23:44-45). Las personas comunes nunca habían tenido permitido ir más allá del velo que separaba el lugar santísimo, donde la presencia de Dios moraba, y solamente el sumo sacerdote podía entrar una vez al año (véase Hebreos 9:6-7). Por tanto, que el velo se rasgara fue muy significativo para ellos. Era Dios diciendo alto y claro: *"Acérquense a mí...son bienvenidos a mi presencia"*.

Anteriormente, incluso el pensamiento de estar en la presencia de Dios aterraba al pueblo, de modo que ese fue un gran cambio para ellos. Dios estaba dispuesto a tener intimidad con ellos, pero ¿estaban ellos dispuestos a tener intimidad con Él? ¿Estamos nosotros dispuestos a tener intimidad con Dios? ¿Estamos dispuestos a permitirle que entre en cada área de nuestras vidas? Estas son importantes preguntas, y no deberían responderse sin antes pensar previamente.

¿Hay áreas en su vida que no esté dispuesto a abrir para Dios? ¿Y si le invitara a entrar y Él le pidiera que cambiase algo que usted no quiere cambiar? ¿O si Él le pide que haga algo que usted no quiere hacer? Esos pensamientos nos asustan, de modo que protegemos nuestros espacios privados, y en el proceso renunciamos a la intimidad con Dios. Es interesante observar que Dios ya sabe todo acerca de nosotros, pero no obligará a que sigamos su camino en ninguna área de nuestras vidas. Él espera a ser invitado. ¡Dios quiere ser querido!

¿Estaría dispuesto a hacer esta oración ahora mismo?

> *Padre Dios, te invito a cada área de mi vida. Quiero que tengas pleno acceso a todo lo concerniente a mí. Quiero que tú tomes la dirección y me enseñes a seguirte. Rindo todo a ti y confío en que tus caminos son mejores que los míos. Eres bienvenido a dirigir mis pensamientos, mis palabras, mis actitudes, todas mis acciones, mi entretenimiento, mis finanzas y mis planes para el futuro. Enséñame tus caminos. Deseo intimidad contigo. Quiero una cercana comunión contigo. Gracias por un nuevo comienzo, ¡en el nombre de Jesús!*

Si ha hecho esa oración, quizás podría querer abrochar su cinturón de seguridad para el viaje de su vida. Los caminos de Dios no son nuestros caminos, pero sus caminos son mucho mejores. Puede que le asombren al principio, y Dios probablemente le mostrará algunas cosas que usted no necesariamente quiere ver, pero el valor de la intimidad con Dios es inestimable, inmensurable y mayor que cualquier otra cosa que pueda imaginar.

Intimidad con las personas

Para mí, la intimidad con Dios ha sido mucho más fácil de desarrollar que la intimidad con las personas. Las personas no son perfectas, pueden ser decepcionantes, y sus expectativas son bastante irrazonables a veces. Sin querer sonar negativa, lo cual no quiero hacer, siento que necesito decir que desarrollar intimidad con personas es desafiante. Lo primero de todo, son necesarias personas que estén dispuestas a pasar por el proceso a fin de tener intimidad. Llegar a conocer a las personas íntimamente toma tiempo, entendimiento y la disposición a ser profundamente sinceros. Aunque puede que haya algunas cosas que están reservadas solamente para Dios y nosotros, necesitaremos abrirnos y dejar que personas entren en nuestro espacio privado hasta cierto grado. El nivel de intimidad que disfrutemos dependerá parcialmente de lo abiertos que estemos dispuestos a estar.

> *Llegar a conocer a las personas íntimamente toma tiempo, entendimiento y la disposición a ser profundamente sinceros.*

Nuestros secretos

Los secretos de algunas personas les están haciendo enfermar. Tienen cosas ocultas en su interior que les carcomen; viven con temor a que otras personas descubran cuál es su secreto, pero lo mejor que podrían hacer posiblemente sea encontrar a alguien en quien puedan confiar y comenzar a hablar, confesar, desahogarse y, en pocas palabras, descargar las cosas que les asustan y les atan. Cuando una cosa es expuesta, pierde su poder sobre nosotros. Solamente las cosas ocultas en la oscuridad son las que Satanás utiliza para amenazarnos.

April tuvo un aborto cuando tenía 17 años. Su novio, que

era mayor que ella, hizo todos los arreglos, y April nunca se lo dijo a nadie. Se sentía culpable y tenía temor a que Dios le castigase por lo que había hecho. April vivía su vida con este secreto enterrado. Conoció a un hombre cuando tenía 22 años; se enamoraron y se casaron, pero la relación era tensa. ¡Ella seguía teniendo su secreto enterrado!

Pasaron unos años y quisieron tener hijos, pero April nunca se quedaba embarazada. Estaba convencida de que Dios le estaba castigando por el aborto, pero seguía sin compartir su secreto con su esposo. El doctor le aseguró que no había razón médica alguna por la que ella y su esposo no pudieran tener hijos, y sugirió que su incapacidad para concebir se debía al estrés. En medio de este dilema, April se acercó a Dios y recibió a Jesús como su Salvador. Se sintió tan bien después de haber dejado su carga delante de Dios que decidió compartirla con su esposo. Tenía temor al juicio de él cuando conociera su secreto, pero sucedió precisamente lo contrario. Él desde luego que quedó sorprendido, pero entendió que ella era joven y que había cometido un error. Le perdonó por no haberse abierto con él, y finalmente April pudo relajarse en el amor de Dios y en el de su esposo. Tres meses después, April quedó embarazada, y ahora tienen tres hijos y una vida maravillosa.

Yo guardé el secreto del abuso sexual que experimenté durante muchos largos años, y cuando finalmente lo compartí, mi carga comenzó a aligerarse. Necesité años de sanidad, pero el comienzo de toda sanidad es abordar su dolor abiertamente y sinceramente.

Hay algunos secretos que no necesitamos compartir. Yo creo firmemente que hay algunas cosas que deberían quedar siempre entre Dios y nosotros. Algunas de esas cosas podrían ser cosas secretas que creemos que Él nos ha dicho o nos ha mostrado. Quizá otros podrían no entenderlas, y las reacciones de las personas podrían desalentarnos y decepcionarnos.

También creo que no deberíamos decirles a las personas cosas que les aplastarán y a la vez no les harán ningún bien. No deberíamos aliviar nuestra carga a costa de ponerla sobre otra persona. Por ejemplo, en una ocasión una señora acudió a mí después de oírme enseñar sobre ser veraz, y quiso compartir conmigo que yo siempre le había caído mal, y ahora quería pedirme que le perdonase. Desde luego, yo le dije que estaba perdonada, pero su confesión puso todo tipo de preguntas en mi mente acerca de lo que yo podría haber hecho para caerle mal. Ella se libró de su problema, pero me dio uno a mí. Eso no es una intimidad saludable, y si queremos buscar intimidad, debemos entender que tiene que ser saludable para ambas partes.

Confrontación

La intimidad puede que requiera una confrontación piadosa. Puede que usted desee una relación mejorada con alguien que le ha herido, o sigue haciéndole daño con palabras o actos, y una relación más profunda con esa persona no es posible mientras usted sienta que tiene que mantener alta la guardia cada vez que está con ella. Ore primero, escoja un momento adecuado, y hable con ella de manera amorosa. La confrontación casi siempre hace que una relación mejore o empeore. Si hace que mejore, entonces puede usted pasar a niveles más profundos de amistad; si hace que empeore, entonces puede que pierda un amigo. La búsqueda de relaciones más profundas y más significativas puede ser costosa.

Yo no renuncio a las relaciones fácilmente. He tenido que confrontar y ser confrontada en varias situaciones, y he descubierto que si ambos seguimos trabajando en los problemas que nos ocupan, nuestra relación se hace más fuerte. Sin embargo, permítame decir otra vez que se necesitan dos personas que estén dispuestas. Usted solamente es responsable de su parte, así que haga todo lo posible y confíe en que Dios le dé buenas y saludables relaciones.

Síntomas y raíces del temor a la intimidad

Las personas que tienen temor a la intimidad no están dispuestas a compartir emociones y verdaderos sentimientos. Fingen que están bien cuando no lo están, y parece que nada les toca cuando la realidad es que por dentro están heridos y sangrando.

Son muy privados de manera desequilibrada. Desde luego que todos tenemos derecho a la privacidad, pero la intimidad no es posible a menos que estemos dispuestos a permitir que la persona con quien deseamos mantener intimidad entre en algunas áreas de nuestra vida privada. Yo soy una persona muy abierta, y como lo soy, tiendo a hacer muchas preguntas que podrían parecer que no son asunto mío. Con frecuencia digo a las personas: "Si me estoy metiendo en cosas con las que no estás cómodo, dime". Compartir abiertamente mi pasado e incluso mis fallos actuales es una de las cosas que Dios ha utilizado para hacerme libre, y creo que es una de las cosas que Él utiliza para ayudar a otros por medio de mi enseñanza. Estoy dotada con la apertura, pero no todo el mundo lo está, y deberíamos respetar siempre la privacidad de las personas. Sin embargo, si los individuos no están dispuestos a permitir entrar a personas a algún área de sus vidas, entonces la intimidad y la cercanía no son posibles.

Mientras estoy escribiendo esta sección, también estoy asistiendo a un retiro para gerentes para nuestro equipo de liderazgo. Hablé con ellos acerca de la importancia de enfrentar y admitir nuestras debilidades. Pregunté a algunas personas cuál pensaban que era su mayor debilidad, y cuando hablaron de ello abiertamente, eso terminó ayudando a varias otras personas. Uno de los gerentes dijo más adelante: "Hemos estado hablando entre nosotros y pensamos que si compartíamos nuestras debilidades más abiertamente en lugar de vivir con temor a que las personas se enteren de ellas, realmente podríamos ayudarnos unos a otros, y nuestro vínculo se haría más fuerte". Yo dije: "¡Amén!".

Quienes tienen temor a la intimidad por lo general se sienten amenazados cuando piensan que alguien va a preguntarles por asuntos privados. Tienen muchos temores con respecto a sí mismos, y han practicado el ocultarse por tanto tiempo, que el temor a que las personas les conozcan verdaderamente es abrumadoramente aterrador. Las personas con este temor puede que tengan muchas relaciones superficiales, pero rápidamente escapan de cualquier relación que comience a ser más profunda.

Heridas del pasado, o trauma de algún tipo, son casi siempre la raíz del temor a la intimidad. Dios nos ha creado con un deseo de conexión, y cuando lo tememos, siempre existe una razón. Las personas quieren estar conectadas con los demás, pero con frecuencia tienen miedo al proceso, de modo que viven vidas aisladas y solitarias. Deberíamos hacerlo aunque sea con miedo y comenzar a disfrutar de la belleza de las relaciones genuinas y cercanas. He descubierto que la Biblia es un libro sobre relaciones. Trata sobre nuestra relación con Dios, nuestra relación con nuestro yo, y nuestras relaciones con otras personas. Todas ellas deberían ser saludables y emocionalmente satisfactorias.

Hay muchas razones para el temor a la intimidad, pero afortunadamente podemos vencer esos temores y disfrutar de relaciones cercanas, saludables e íntimas. Llegar a la raíz de nuestros problemas es el primer paso hacia la libertad, y el segundo paso es no estar dispuestos a permanecer igual cuando descubrimos el problema de raíz. Afortunadamente, podemos entender por completo por qué somos de cierta manera y aun así no estar dispuestos a quedarnos de esa manera. Jesús murió para devolvernos todo lo que quedó perdido para nosotros mediante el pecado y la maldad, y deberíamos perseguirlo con la ayuda del Espíritu Santo. Mi relación con mis padres fue disfuncional, por decir lo mínimo. Sin duda, yo no aprendí de ellos cómo tener relaciones saludables e íntimas, pero lo he aprendido de la Palabra de Dios y del liderazgo del Espíritu Santo. El Espíritu Santo es nuestro Maestro, y si estamos dispuestos a dejar a un lado nuestros temores, Él nos guiará a relaciones satisfactorias y cercanas.

Maneras de desarrollar mejores relaciones

Una de las razones por las cuales las personas tienen dificultad para relacionarse de manera cercana con otros es una falta de interés social. Puede que sean adictos al trabajo que han encontrado su valor y su valía solamente en el trabajo. Tienen muy pocos intereses, si es que tienen alguno, y por lo tanto, no tienen base alguna para la conexión.

> Si queremos que las personas estén interesadas en nosotros, entonces debemos aprender a ser interesantes.

Si queremos que las personas estén interesadas en nosotros, entonces debemos aprender a ser interesantes. Una cosa que podemos hacer es educarnos nosotros mismos en cosas en las que otros están interesados, de modo que tengamos una base más amplia para la conversación. A Dave le encantan los deportes, y ve casi todos los diversos juegos que hay en la televisión. Con bastante frecuencia en la mañana yo le preguntaré quién ganó el partido de béisbol, o el partido de fútbol, o el partido de golf. Pregunto no porque yo esté tan interesada en ese deporte, sino porque estoy interesada en él. Sé que a él le gusta hablar de deportes, y una manera en que puedo conectar con él es escuchando. Cuando él se va a jugar al golf, yo siempre le pregunto sobre cómo le fue el partido ese día. Si estamos interesados en cosas en las que otros están interesados, entonces eso hace que seamos interesantes para ellos. Proporciona una conexión entre nosotros y es un buen punto de comienzo para tener relaciones más significativas.

Otra manera de conectar con las personas es saber lo que les gusta y disfrutan, para así poder proporcionárselo. Si no hacemos nada el uno por el otro, entonces no tenemos parte mutuamente en nuestras vidas. Si verdaderamente escuchamos a las personas, ellas nos dicen lo que les gusta, lo que quieren o necesitan, y se vuelve más fácil hacerles felices. Cuando hacemos felices a las personas o les ayudamos a sentirse bien consigo mismas, siempre les caemos bien. Puede que las personas no recuerden todo lo que usted les dice, pero siempre recuerdan el modo en que les hizo sentir.

Hay muchas maneras de desarrollar mejores relaciones. Escuchar es una de esas maneras. Ser sinceros en todo momento y cumplir nuestra palabra y nuestros compromisos son otras dos. Las relaciones íntimas se edifican sobre la confianza. La comunicación clara es también vital. Recorra la milla extra para comunicarse, y si no puede mantener un compromiso, explique por qué no puede hacerlo en lugar de meramente ignorarlo. Sea siempre rápido para decir "lo siento" cuando haga daño o defraude a alguien. Guarde los secretos de las personas. Cuando un cónyuge, un pariente o un amigo comparta un detalle íntimo de su vida con usted, asegúrese de guardar la información en privado entre usted y esa persona. Si la persona quiere que algún otro lo sepa, le corresponde a él o ella compartirlo, y no a usted. Hablando en general, si tratamos a los demás del modo en que queremos ser tratados, estamos de camino hacia desarrollar relaciones estupendas.

Intimidad verdadera

La intimidad verdadera es mucho más que sexo. El sexo puede que represente la intimidad física, pero si eso es lo único que hay, entonces está vacío, en el mejor de los casos. La intimidad verdadera entre un esposo y su esposa debe ser compartida en todos los niveles, y no meramente en el dormitorio. Las parejas necesitan hablar abiertamente y ser igualmente entendidas el uno por el otro. Siempre crea dificultad en los matrimonios cuando una persona desea esto profundamente y la otra no lo quiere o no sabe cómo desarrollarlo.

La personalidad entra en juego cuando estamos intentando desarrollar intimidad. Yo soy por naturaleza más habladora que mi esposo, de modo que comparto más rápidamente que él. Siempre quiero hablar con él esas cosas que estoy atravesando y hacer que él "entienda",

> La verdadera cercanía sólo puede experimentarse cuando respetamos mutuamente las diferencias.

y él prefiere atravesar sus dificultades en privado y quizá hablarme de ello después de que hayan pasado. A todos nos gustaría que los demás fuesen como nosotros, pero no lo son, y debemos aceptar eso. La verdadera cercanía sólo puede experimentarse cuando respetamos mutuamente las diferencias.

Si yo estoy atravesando algo y Dave puede decir que no me comporto como normalmente lo haría, le parece bien si yo quiero compartir y también le parece bien si no quiero. Él respeta mi espacio privado y yo respeto el de él. Intimidad no significa que tengamos que mirar en cada área de la vida de otra persona.

Ningún temor

No es voluntad de Dios que vivamos con ningún tipo de temor. Recuerde: Dios no nos ha dado espíritu de cobardía (véase 2 Timoteo 1:7). Le insto a confiar en la Palabra de Dios y saber por encima de toda sombra de duda que Él desea profundamente una íntima relación con usted, y quiere que usted disfrute de relaciones íntimas con otras personas. Dios se interesa por todo lo que jamás le ha interesado, le interesa o le interesará a usted. Él quiere participar en cada área de su vida. La voluntad de Dios es que tengamos relaciones saludables, edificantes y satisfactorias con otras personas. Deberíamos trabajar con Dios para desarrollar esas relaciones con familiares y amigos. Algunas personas por su temperamento natural necesitan tener más personas en sus vidas que otras, pero todos necesitamos a *alguien*. Ninguna persona ha de vivir desconectada de los demás. No puedo prometerle que usted nunca resultará herido en las relaciones; de hecho, puedo prometerle que probablemente sucederá, pero la recompensa vale la pena el riesgo al final. Cuando atravesamos juntos cosas en las relaciones, eso hace que nos acerquemos más el uno al otro, de modo que no tire la toalla y viva una vida aislada y solitaria llena del temor a la intimidad.

Dios conoce todo lo que hay que conocer acerca de cada uno de nosotros, y de todos modos nos ama. Yo quiero tener relaciones así con personas, y estoy segura de que usted también quiere. Creo que existen lo que yo denomino "conexiones divinas" para todos nosotros. Son relaciones que Dios proporciona y que serán profundamente satisfactorias para nosotros. Siga confiando en que Dios le dirija a desarrollar relaciones íntimas y saludables; no es su voluntad que usted viva una vida aislada y solitaria debido al temor.

CAPÍTULO 19

¿Está transmitiendo sus temores a sus hijos?

El temor del Señor es un baluarte seguro que sirve de refugio a los hijos.

Proverbios 14:26

Según muchos versículos en la Escritura, un temor reverencial de Dios puede ser transmitido a nuestros hijos, y eso es una cosa buena. Ellos pueden aprender de nosotros el valor de tener una relación correcta con Dios mediante la fe. La vida que vivimos delante de nuestros hijos tiene un efecto dinámico en ellos; por tanto, seguramente querremos tener cuidado con lo que les estamos transmitiendo. Sí podemos influenciarles con nuestra fe y temor reverencial, nuestro asombro y respeto por Dios, tengo que creer que también podemos influenciarlos con temores que son instigados por el diablo.

Un famoso psiquiatra infantil con el nombre de Friz Redl se sabía que enseñaba a grupos de padres diciendo: "Saquen papel y pluma. Voy a decirles las tres cosas más importantes que necesitarán saber jamás acerca de educar a los hijos". Con sus plumas en la mano, los padres esperaban casi sin respiración, listos para las palabras de sabiduría de este renombrado instructor. Entonces él decía: "Ejemplo, ejemplo, ejemplo".[1]

El ejemplo que los padres establecen quizá sea la herramienta más poderosa en la educación de los hijos. Y necesitamos tener eso en mente cuando tratamos el temor. Digamos que una madre tiene temor a estar en medio de grandes multitudes, y por ese motivo casi nunca va a un lugar lleno de personas con sus hijos. Ella incluso expresa su temor a las multitudes repetidamente, y desde luego sus hijos la escuchan con bastante frecuencia. Hay una buena posibilidad de que sus hijos crezcan con temor a aventurarse a la nueva experiencia de estar en un lugar lleno de gente. Si hubieran comenzado temprano en la vida a estar en lugares con mucha gente, podrían haberse ajustado bien esas condiciones, pero con la influencia de los temores de su mamá, puede que les resulte difícil ajustarse al estrés de la experiencia.

Es sabio permitir que nuestros hijos experimenten todo tipo de cosas diferentes. Si se les introduce a ellas sabiamente, de manera oportuna, entonces se adaptarán a ellas y se sentirán bastante cómodos.

Yo pronto tendré un nuevo cachorro de maltés. La raza es muy pequeña, y en mi lectura aprendí que si el cachorro es adecuadamente situado junto a perros más grandes, jugará bien con ellos y no tendrá ningún temor. Sin embargo, una amiga mía acababa de llevar a su perra maltés de un año a un campamento de entrenamiento de dos semanas para perros que necesitan ser entrenados para que obedezcan. Supieron en los dos primeros días que, según el entrenador, ella era "socialmente ruda" y necesitaba un collar especial para su entrenamiento. El cachorro no sabía cómo reaccionar a otros animales simplemente porque nunca había estado cerca de ellos. Ladraba constantemente como método de autoprotección.

Estoy segura de que a nuestra propia manera humana, también nosotros "ladramos" cuando tenemos miedo a cosas. Pasamos a un impulso desmedido de autoprotección, y nuestros hijos ven nuestra respuesta y suponen que ellos también deberían responder del mismo modo que nosotros a las situaciones.

Una mujer observó a su hija que veía la televisión y se mordía las uñas. Cuando le preguntó por qué se mordía las uñas, ella dijo: "Porque tú lo haces, mamá". ¿Cuánto aprenden nuestros hijos de nosotros sin que digamos ni una sola palabra? Probablemente más de lo que queramos reconocer. Nuestro ejemplo para quienes nos rodean, especialmente para nuestros hijos, es en realidad bastante sorprendente. Podemos comenzar a adoptar características de otros y ni siquiera darnos cuenta de que lo estamos haciendo. Esto es un beneficio si esas características y conductas son buenas, pero no lo es si son malas.

Creo que lo que nuestros hijos nos ven hacer regularmente tiene una influencia mayor sobre ellos que nuestras palabras. Tomemos por ejemplo a una mamá o un papá que les dicen a sus hijos que no mientan, pero después ellos mienten regularmente. Si le digo a mi hijo que responda al teléfono y diga a quien llama que no estoy en casa, cuando claramente estoy en casa, entonces le estoy enseñando a ese niño que la deshonestidad es una conducta aceptable. Incluso podría castigar a mi hijo cuando él miente, pero mi ejemplo será lo que más permanezca en su mente. Cuando decimos a nuestros hijos una cosa y ellos nos ven haciendo lo contrario de lo que les hemos enseñado que hagan, es bastante confuso para ellos y hace que no nos respeten.

¿Quiere que sus hijos sean valientes?

Si queremos que nuestros hijos sean valientes y no estén obstaculizados por el temor, entonces debemos comprometernos a establecer, y mantener, un buen ejemplo para ellos. El apóstol Pablo alentó a Timoteo: "vean en ti un ejemplo a seguir en la manera de hablar, en la conducta, y en amor, fe y pureza" (1 Timoteo 4:12). Nuestras vidas deberían ser un "patrón" para otros creyentes, pero debemos comenzar siendo un patrón para nuestros propios hijos. Deberíamos enseñarles a no hacer cosas que sean demasiado peligrosas o inapropiadas para su edad; sin embargo, al mismo tiempo debemos enseñarles a vivir valientemente. Esto puede hacerse mediante palabras y al establecer un ejemplo.

Uno de nuestros nietos parecía tener temor a bastantes cosas: agua, volar, probar cosas nuevas, y mi perro, sólo por mencionar unos pocos. Mi hijo hizo una estupenda tarea a la hora de ayudarle a enfrentar esos temores y vencerlos. Le enseñó sobre el temor y la valentía, y siempre que el niño parecía temeroso, le dijo que dijese: "No tengo miedo; soy valiente". Él también hacía aquello a lo que el niño tenía miedo y le decía: "¿Lo ves? Papi lo está haciendo y no sucede nada malo". Este proceso tuvo que ser repetido cientos de veces, si no más, pero funcionó. Mi nieto ahora pide venir y ver a mi perro, va a nadar en cada oportunidad que tiene, ya no le dan miedo los aviones, y está preparándose para estar en un equipo de fútbol: una cosa totalmente *nueva* para él.

Si mi hijo solamente le hubiera dicho que no tuviese miedo, dudo que le hubiera hecho mucho bien. Pero su paciente persistencia y su buen ejemplo tuvieron éxito. Si quiere que sus hijos sean valientes, tendrá que hacer un compromiso a enseñarles mediante palabras y ejemplo. No recomiendo obligar a sus hijos a hacer cosas que les den miedo,

> *Si quiere que sus hijos sean valientes, tendrá que hacer un compromiso a enseñarles mediante palabras y ejemplo.*

pero puede usted trabajar amorosamente con ellos, y desde luego orar por ellos. Entonces verá que el temor dobla su rodilla ante la valentía.

Si sucede que usted mismo tiene muchos temores, puede que piense que es imposible enseñar a sus hijos a ser valientes, pero la verdad es que su amor por ellos y su deseo de verlos libres del temor puede que le ayuden a enfrentar sus propios temores.

Una madre dijo que ella sufría tanto temor y ansiedad en su vida, que no podía soportar la idea de transmitírselo a sus dos hijas. Decidió que haría cosas que le daban miedo a fin de ser un buen ejemplo para ellas. ¡El amor es un motivador más fuerte que el temor! El perfecto amor de Dios echa fuera el temor de nosotros (véase 1 Juan 4:18), y nuestro amor por nuestros hijos puede evitar que les transmitamos nuestros temores.

Su amor por sus hijos puede obligarle a salir de su zona de comodidad; puede hacer que conduzca por la autopista aunque usted pudiera tener que agarrarse tan fuerte al volante que sus nudillos se pusieran blanquecinos. Pruebe cosas nuevas, y explique a sus hijos que va a intentarlo aunque fracase. Al hacer esto puede ayudarles a no tener temor al fracaso ellos mismos. Puede probar comida nueva aunque preferiría no hacerlo, meterse a nadar aunque pase todo su tiempo en el lado que no cubre, y hacer muchas otras cosas que normalmente no haría. ¡Puede usted alimentar la valentía en las vidas de sus hijos!

Evite fomentar temor en sus hijos

Le insto a tener cuidado con la conversación temerosa. Podemos llenar de temor a nuestros hijos si nuestra conversación está llena de temor. Incluso si los padres no están hablando directamente al niño, los hijos son afectados por lo que escuchan. A continuación tiene algunos ejemplos de cosas que los padres podrían decir y que podrían infundir temor en sus hijos sin que ellos tengan la intención de que eso suceda.

Tengo miedo a que si te dejo conducir hasta la fiesta con tus amigos, pudieras tener un accidente y resultar herido.

Preferiría que no fueras a esa fiesta; no quiero que te metas en problemas.

No quiero que juegues al fútbol americano porque es un deporte peligroso, y tengo miedo a que sufras una lesión.

No quiero que juegues fuera porque hay personas malas en el mundo que podrían llevarte con ellas y hacerte daño.

Las cosas están tan mal en el mundo que tengo miedo a lo que espera en el futuro.

Tengo miedo de que mis hijos se metan en las drogas o se relacionen con las personas equivocadas.

Tengo miedo de perder mi trabajo, y entonces no sé qué haré.

Incluso decir que teme cosas puede evitar que sus hijos enfrenten todas las cosas con una actitud valiente. No tenemos que temer nada, especialmente cosas sencillas como limpiar la casa, cortar el césped o ir al supermercado. Podemos hacer frente a la vida con una valentía apasionada que se transmita a todo lo que hacemos. Cuanto más coherente sea su ejemplo para sus hijos, más eficaz será.

> *Cuanto más coherente sea su ejemplo para sus hijos, más eficaz será.*

Hay algunas cosas que deberíamos enseñar a nuestros hijos a que sean cautos con ellas, pero solamente cosas que sin duda les harían daño. Cosas como tocar una estufa encendida, caminar en medio del tráfico o saltar por un precipicio son buenos ejemplos. Desde luego, necesitamos enseñarles cautela, pero no queremos fomentar temor en ellos.

La responsabilidad de educar a los hijos

El privilegio y la responsabilidad de educar a los hijos son tremendos. No nos enfoquemos en el privilegio y las alegrías sin enfocarnos también en la responsabilidad. Una de las mayores responsabilidades que tenemos es establecer de modo coherente un ejemplo bueno y piadoso para nuestros hijos. Hay demasiados padres que les dicen a sus hijos qué hacer, pero no lo hacen ellos mismos. Es casi inútil enseñar a sus hijos lo que deberían hacer y después demostrarles lo contrario de lo que les ha enseñado con palabras. Los niños son muy intuitivos, y se dan cuenta y absorben más de lo que podríamos pensar. Por tanto, le recomiendo encarecidamente que haga el compromiso a educar mediante el ejemplo. Jesús dijo que vino a establecer un ejemplo para nosotros de modo que hiciéramos lo que Él hizo (véase Juan 13:15). ¿Qué sucedería si la Palabra de Dios nos enseñase a ser valientes, pero viéramos ejemplo tras ejemplo en la Escritura de Jesús sintiendo temor? Creo que ya entiende lo que estoy intentando decir.

Podemos fácilmente enseñar a nuestros hijos honestidad, integridad, bondad, generosidad, valentía, y multitud de otros buenos rasgos de carácter simplemente haciendo el compromiso de ser un buen ejemplo para ellos. Estemos dispuestos a echar una seria mirada a nuestra conducta y preguntarnos si queremos que nuestros hijos hagan lo que nosotros hacemos. Si es así, entonces sigamos haciéndolo, y si no, entonces cambiemos eso con la ayuda de Dios. Incluso si hacer los cambios es difícil, debemos hacerlo porque les amamos.

CAPÍTULO 20

El temor a la muerte

Y librar a todos los que por temor a la muerte estaban sometidos a esclavitud durante toda la vida.

Hebreos 2:15

Una de las grandes libertades para el cristiano es la libertad del temor a la muerte. Aunque ninguno de nosotros quiere morir antes de que llegue su momento, no tiene que asustarnos si creemos que la muerte simplemente significa abandonar este hogar temporal para ir a nuestro hogar eterno donde veremos a Dios cara a cara. Con frecuencia se dice que morir es como pasar por una puerta giratoria. Estamos aquí en la tierra, y entonces en el momento en que morimos, estamos en la presencia de Dios si somos sus hijos.

La palabra "muerte" se define en el diccionario *Vine's Greek Dictionary* como "la separación del alma (la parte espiritual del hombre) el cuerpo (la parte material), dejando de funcionar la segunda y convirtiéndose en polvo". La Palabra de Dios promete a los creyentes en Jesucristo que ellos finalmente tendrán un nuevo cuerpo glorificado. No sé de usted, pero yo espero con ilusión tener uno que no tenga arrugas, ni celulitis, ni la barbilla o brazos flácidos, y ningún dolor o rigidez. Cuando pensamos en morir, o ya no estar en este ámbito natural, deberíamos pensar en lo que ganaremos y no en lo que estamos perdiendo.

Muerte no significa que dejemos de existir por completo, sino que meramente dejamos de existir en la forma en que estamos actualmente. La parte más importante de nosotros, la parte espiritual, nunca deja de existir.

El viejo dicho, "lo único con lo que se puede realmente contar es la muerte y los impuestos", no es la expresión más consoladora para alguien que tenga miedo a la muerte. El temor a la muerte es un temor primal general para la humanidad a menos que la persona haya sido liberada de él mediante la fe en Dios. Dios nos promete vida eterna mediante nuestra fe en su Hijo Jesucristo. Como cristianos, podemos decir verdaderamente: "¡Yo viviré para siempre!". Su dirección cambiará algún día de la tierra al cielo, pero usted realmente nunca muere. De hecho, ninguna persona realmente muere. Su cuerpo dejará de existir, pero el espíritu y el alma de cada persona irán a algún lugar después de que termine su tiempo en la tierra. Estoy agradecida por tener la esperanza de un lugar hermoso y pacífico donde ya no habrá más lágrimas, dolor ni muerte, y viviremos en la presencia de Dios.

> *Él les enjugará toda lágrima de los ojos. Ya no habrá muerte, ni llanto, ni lamento ni dolor, porque las primeras cosas han dejado de existir.*
> Apocalipsis 21:4

El cielo, el hogar eterno del creyente en Jesucristo, se describe no sólo como totalmente pacífico, sino que también es asombrosamente bello según las descripciones en la Biblia (véase Apocalipsis 21 y 22). Tener fe en que ese es nuestro destino nos libra del temor a la muerte. La muerte no es una nada desconocida, sino una graduación a cosas mejores de lo que hemos experimentado en la tierra.

El apóstol Pablo habla sobre la muerte

Porque para mí el vivir es Cristo y el morir es ganancia.

Filipenses 1:21

Los creyentes eran perseguidos cada día, de modo que Pablo estaba siempre en peligro de muerte. Él era especialmente odiado debido a su agresivo papel a la hora de conducir a personas a la salvación mediante la fe en Cristo. Su valiente y decidida declaración de la necesidad de que todos sean salvos de su pecado, incluidos los judíos que se consideraban religiosas y rectos, le causó una grave persecución. Pablo dejó claro que, debido a la muerte y la resurrección de Jesús, el gentil ahora era igual al judío ante los ojos de Dios mediante la gracia (favor inmerecido). Esto enojó profundamente a los judíos porque ellos se enorgullecían de estar más cerca de Dios que las demás personas, y pretendían silenciar a Pablo. Pablo fue golpeado, encarcelado, apedreado, y perseguido por aquellos que con alegría le habrían matado, y sin embargo parecía no tener temor alguno a la muerte.

—¿Por qué lloran? ¡Me parten el alma!—respondió Pablo—. Por el nombre del Señor Jesús estoy dispuesto no sólo a ser atado sino también a morir en Jerusalén.

Hechos 21:13

Pablo tenía una mentalidad correcta hacia la muerte. Sabía que era inevitable para él al igual que lo es para todos nosotros, y se propuso no permitir que el temor a la muerte evitase que cumpliera la voluntad de Dios. Es bastante inútil tener

> *¡No debemos permitir que el temor a la muerte evite que vivamos verdaderamente!*

temor a algo que no tenemos manera alguna de evitar. ¡No debemos permitir que el temor a la muerte evite que vivamos verdaderamente! Pablo sabía que la muerte sencillamente significaba que él dejaría de existir en el cuerpo, pero también estaba seguro de que sería resucitado en un estado espiritual y mejor. Por eso alentó a la iglesia en 2 Corintios diciendo que "estar ausente del cuerpo" es "estar presente con el Señor".

Pablo tenía más cosas que decir a los corintios acerca de la muerte y la resurrección. Les explicó que incluso cuando una semilla es plantada en la tierra, muere y deja de existir como semilla, y después es resucitada o sale de la tierra como algo totalmente diferente. Podría plantarse una semilla en el terreno, ¡y puede que salga un tomate! Tenemos nuestro cuerpo de carne y hueso, y cuando sea plantado en la tierra, también será resucitado en otra forma mejor. Por favor, vuelva a leer estos versículos de la Escritura y esté seguro de que la muerte en la tierra solamente significa quitarnos el cuerpo físico, pero no significa que dejemos de existir.

> Así sucederá también con la resurrección de los muertos.
> Lo que se siembra en corrupción, resucita en incorrupción;
> lo que se siembra en oprobio, resucita en gloria; lo que
> se siembra en debilidad, resucita en poder; se siembra un
> cuerpo natural, resucita un cuerpo espiritual. Si hay un
> cuerpo natural, también hay un cuerpo espiritual.
>
> 1 Corintios 15:42-44

No hay que tener temor a la muerte cuando recibimos mediante la fe lo que la Palabra de Dios dice al respecto. Viva su vida plenamente y sepa que cuando su tiempo en la tierra haya terminado, entrará en una vida mejor de la que nunca tuvo aquí.

El sencillo plan de Dios

Desde luego, hay incontables personas que no creen en la doctrina cristiana de la salvación y la vida eterna con Dios mediante la fe en Jesucristo. Millones de personas de diversas religiones creen en alguna forma de reencarnación. Creen que morirán y después regresarán en otra forma, pero Dios dice en su Palabra que está destinado que el hombre muera una sola vez y después el juicio (véase Hebreos 9:27). Leí un poco acerca de la reencarnación como preparación para escribir este capítulo, y para ser sincera, me entristece que algunas personas decidan creer en este confuso engaño acerca de la eternidad. ¿Es posible que las personas crean en la reencarnación simplemente porque no pueden enfrentar la muerte? Quizá sea un mecanismo de escape para ellas, pero no puedo evitar preguntarme cómo se sienten verdaderamente en el momento de la muerte. O de hecho, ¿cómo se siente un ateo o un agnóstico, alguien que adora ídolos, cuando se enfrenta cara a cara con la muerte? El cristiano es el único que puede morir en paz; el cristiano incluso puede ser entusiasta en cuanto a ver el rostro de Dios.

Yo he dicho a menudo que me parece que sería mejor creer el evangelio que no creerlo, porque incluso si estamos equivocados (que no es el caso), no hemos perdido nada, pero si el incrédulo está equivocado, está destinado a la desgracia eterna.

Me alegra que la fe en el plan de Dios sea sencilla. De hecho, Dios dijo que debemos acudir como niños y simplemente creer lo que su Palabra enseña. Si cualquier persona

> *Crea que Dios le ama, tiene un plan maravilloso para su vida, y quiere librarle de todo temor, incluido el temor a la muerte.*

lee la Palabra de Dios con su corazón en lugar de hacerlo con su cabeza, encontrará fe ahí. Dios nos da fe, y a nosotros nos corresponde dónde situarla. Todo el mundo cree algo. Incluso la incredulidad es un tipo de creencia. ¿Por qué no hacer que lo que usted cree sea algo que producirá una vida buena, pacífica, gozosa y llena de esperanza? Crea que Dios le ama, tiene un plan maravilloso para su vida, y quiere librarle de todo temor, incluido el temor a la muerte.

La resurrección

Todos hemos pecado y estamos destituidos de la gloria de Dios, y el pecado demanda la pena de muerte. Nosotros no podíamos pagar la gran deuda que debíamos a Dios, y por eso Jesús vino del cielo a la tierra para reconciliarnos con Dios pagando por nuestros pecados y muriendo en nuestro lugar. Él tomó nuestro castigo sobre sí mismo, y mediante gran sufrimiento y el derramamiento de su preciosa sangre, nos recibió (véase Romanos 3:23-25; Isaías 53:4-5; Lucas 23; 1 Pedro 1:19).

Pero, afortunadamente, la historia no termina con la muerte de Jesús. El tercer día después de su muerte y sepultura, fue resucitado de la muerte (véase Lucas 24). La muerte no pudo retenerle. Él resucitó de la muerte y ahora está sentado a la diestra de Dios. Debido a que la muerte no tuvo poder alguno sobre Él, tampoco tiene poder alguno sobre nosotros mediante nuestra fe en Él.

Los musulmanes creen en las enseñanzas de un profeta llamado Mahoma, que está muerto. Los budistas creen en las enseñanzas de un hombre llamado Buda, que también está muerto. Muchas otras religiones basan su fe en alguien que está muerto, ¡pero nosotros creemos en Jesús que está vivo!

¿Hay alguna prueba histórica de la resurrección? Hubo numerosos relatos de los discípulos de Cristo de un sepulcro vacío con las mortajas dejadas atrás. También hubo numerosos relatos de testigos oculares que vieron a Jesús en la tierra después de su crucifixión. Él se apareció a ellos, comió con ellos y habló con ellos. Históricamente hablando, se ha demostrado que la Biblia es certera y precisa, y aún más evidencia de ese hecho está siendo descubierta todo el tiempo. Como verdaderos creyentes en Cristo, la prueba histórica solamente valida lo que ya sabemos en nuestros corazones que es cierto: ¡Jesús está vivo! Y porque Él vive, no necesitamos tener temor a la muerte.

El temor a la muerte en realidad tiene un nombre, como lo tienen la mayoría de temores. Es "tanatofobia", y es una fobia en lugar de ser un simple temor que la persona podría experimentar ocasionalmente. Según mi opinión, la fe en la Palabra de Dios y la creencia en el hecho de que Jesús resucitó de la muerte es la manera de ser libres del insidioso temor a la muerte. Si creemos que nuestros pecados son perdonados, somos situados en una posición correcta delante de Dios mediante nuestra fe en Jesucristo, y veremos a Dios cara a cara en el momento en que muramos, así que, ¿qué hay que temer?

William Randolph Hearst construyó el gran castillo Hearst cerca de Morro Bay. Llenó la estructura de los más hermosos objetos y arte de nuestro mundo. Sin embargo, siempre que alguien visitaba, tenía una destacada regla de que ningún invitado en su casa podía mencionar nunca la palabra "muerte". Cada noche, él tenía miedo a irse a dormir porque estaba atormentado por el temor a la muerte.[1]

El temor a la muerte del Sr. Hearst no evitó que muriese. Fue una emoción negativa y una mentalidad incorrecta que le robó su alegría de vivir, y finalmente tuvo que enfrentarse de todos modos a su mayor temor.

Estoy segura de que su historia es solamente representativa de las historias de multitudes de personas que están continuamente atormentadas por el temor a la muerte. Pero hay otra historia acerca de un hombre cristiano y su fe en Dios.

> *Buscando conocer mejor a Dios, Juan Crisóstomo se hizo un ermitaño en las montañas cerca de Antioquía en el año 373 d. C. Aunque su periodo de aislamiento fue recortado debido a la enfermedad, aprendió que con Dios a su lado, podía soportar solo a cualquiera o cualquier cosa. Esa elección sirvió bien a Crisóstomo. En el año 398 d. C. fue nombrado patriarca de Constantinopla, donde su entusiasmo por la reforma enemistó a la emperatriz Eudoxia, quien hizo que le exiliaran. Al permitirle regresar después de poco tiempo, Crisóstomo volvió a enfurecer a Eudoxia, quien volvió a expulsarle. ¿Cómo respondió Crisóstomo a tal persecución? Con estas palabras: "¿Qué puedo temer? ¿Será a la muerte? Pero saben que Cristo es mi vida, y que ganaré mediante la muerte. ¿Será al exilio? Pero la tierra y todo lo que hay en ella es del Señor. No temo a la pobreza; no suspiro por tener riquezas; y ante la muerte no me estremezco".[2]*

La profundidad de fe que una persona tenga en Dios determina si tendrá temor a la muerte o no. Juan Crisóstomo conocía a su Dios, y confiaba en sus promesas; por tanto, no tenía nada que temer, ni siquiera a la muerte.

El temor a morir

Quizá el temor a morir sea en realidad mayor que el temor a la muerte. Yo estuve una vez en un avión que perdió la presión del oxígeno en la cabina, y los pilotos tuvieron que descender en picado desde 30000 pies a 10000 pies, de modo que pudiéramos tener aire para respirar. Ellos estaban en modo acción, y no pudieron tomar tiempo para decirnos lo que estaba sucediendo. Podíamos sentir que el avión perdió altitud rápidamente, y veíamos a los pilotos con sus máscaras de oxígeno…¡un poco espeluznante, como mínimo! Recuerdo pensar: *Bien, Señor, puede que me vaya a casa, ¡pero me pregunto si esto va a doler!* No me preocupaba el estar muerta, pero me preocupaba un poco el morir y lo que sería necesario para que eso sucediera.

La enfermedad, y con frecuencia un largo y doloroso proceso puede preceder a la muerte, y a ninguno de nosotros nos gustaría esperar eso. Estoy segura de que al igual que yo, puede que usted ore para que cuando llegue su momento de dejar la tierra, tan sólo se quede dormido una noche y se despierte después en el cielo. Mi pensamiento es: "No tienen porque no piden" (véase Santiago 4:2), así que, ¿por qué no pedir algo que no duela? Sin embargo, podemos estar seguros de que cualquier cosa que sea necesaria para dejar este mundo, Dios nos capacitará para hacerlo sin temor.

Todo temor está arraigado en sistemas de creencia o en hábitos de pensamiento equivocados, y creo que podemos cambiarlos con la ayuda de Dios. Aprender a confiar en que Dios cuidará de nosotros es la respuesta definitiva hacia la libertad del temor a morir. No puedo prometer que morir no será doloroso porque, al igual que usted, yo no lo he experimentado aún. Sin embargo, sí creo que puedo decir con confianza que Dios estará con nosotros y nos dará la gracia que necesitemos en el momento que la necesitamos. He conocido a personas increíbles que pasan por alguna enfermedad muy dolorosa y que siempre tienen una sonrisa y palabras amables para los demás. Cuando les he preguntado cómo pueden hacerlo, sin excepción me dicen: "Es la gracia de Dios".

Ya sea el proceso de mi muerte breve o largo, doloroso o sin dolor, confío en que Dios me dará lo que necesite para hacerlo con gracia. Debido a esa confianza, tengo paz al respecto. Si usted no está disfrutando de esa paz, oro para que ponga en su corazón las cosas que está leyendo y entienda que no tiene que temer a lo desconocido. Deberíamos recordar que Jesús ha ido delante de nosotros para preparar el camino, y ha prometido no dejarnos ni abandonarnos nunca (véase Hebreos 13:5; Mateo 28:20). Él está con nosotros en la vida y estará con nosotros en la muerte.

> *No se angustien. Confíen en Dios, y confíen también en mí. En el hogar de mi Padre hay muchas viviendas; si no fuera así, ya se lo habría dicho a ustedes. Voy a prepararles un lugar. Y si me voy y se lo preparo, vendré para llevármelos conmigo. Así ustedes estarán donde yo esté.*
>
> Juan 14:1-3

He oído muchas, muchas historias de personas en su lecho de muerte que dicen: "Jesús está aquí y ha venido a buscarme. Tengo que irme". O: "Veo la luz y debo seguirla". Mi vida ha sido hermosa, y quiero que mi muerte también sea hermosa. Creo que podemos prepararnos adecuadamente para la muerte sencillamente al no tener temor a ella. Todos vamos a tener que hacerlo finalmente, así que ¿por qué no hacerlo aunque sea con miedo?

CAPÍTULO 21

¡Hágalo, aunque sea con miedo!

*Valentía no significa rugido; a veces la valentía es esa pequeña
voz al final del día que dice: "Volveré a intentarlo mañana".*

Mary Anne Radmacher

El temor es un enemigo que atormenta el alma y pretende robar
nuestra vida. Conquistarlo no es algo que hagamos en un solo
día, o ni siquiera en mil días. Es algo que conquistamos día a
día. Estoy escribiendo este libro y aun así sigo enfrentando y
tratando el temor… pequeños y molestos temores que intentan
hacerme pensar que necesito hacer más, o intentarlo con más
fuerza, o ser más agradable. El temor puede aparecer bastante
inesperadamente de muchas maneras. Una de nuestras metas
debería ser reconocerlo para así tratarlo enseguida.

Precisamente esta semana me estuve despertando a las 2:00
o 3:00 de la mañana y después teniendo dificultad para volver
a dormirme. Después de dos no-
ches de eso, me encontré yendo
a la cama con un vago tipo de
temor de que volvería a suceder
otra vez, y en efecto sucedió.

> Tenemos poder y autoridad
> sobre el enemigo, pero
> la autoridad es inútil
> si no se ejerce.

Aproximadamente unas tres noches después de lo mismo, Dios
me recordó que podía orar y resistir a Satanás, que es la fuente
de todo temor. Según la Palabra de·Dios, el sueño del justo debería ser dulce (véase Proverbios 3:24). Oré inmediatamente y me

volví a dormir, y no he tenido ningún tipo de problema desde entonces. Si usted tiene dificultad a la hora de pensar en reprender o resistir a Satanás, permita que le recuerde que Jesús lo hizo, y su ejemplo es siempre bastante bueno para mí. Tenemos poder y autoridad sobre el enemigo, pero la autoridad es inútil si no se ejerce.

Ser libre del temor no significa que nunca volveremos a experimentarlo o ser confrontados por él. Significa que estamos comprometidos a no permitirle que gobierne nuestra vida, y cuando sea necesario haremos lo que se requiera para hacer eso, aunque tengamos que hacerlo con miedo.

La verdad es que leer este libro puede que avive los temores que usted tiene; puede que le haga ser más consciente de ellos, y espero que más decidido a enfrentarlos. Simplemente leer un libro acerca de algo no significa que no tengamos responsabilidad alguna de aplicar los principios de los que hemos leído. Saber algo sobre algo no tiene valor alguno si no hacemos algo con el conocimiento que tenemos. Sabiduría es el uso adecuado del conocimiento. He tratado de impartir la mayoría de lo que he aprendido sobre el temor durante los últimos 38 años. Le he dado información, pero lo que usted realmente necesita es *revelación*. La revelación llega cuando oramos respecto a una verdad que hemos escuchado, hemos meditado, y hemos puesto en acción en nuestra vida los principios que hemos aprendido.

Creo que uno de nuestros mayores errores en la vida puede ser pensar que deberíamos tener victoria en un área meramente porque leímos un libro o escuchamos un mensaje sobre algo. Santiago dijo que si somos oidores de la Palabra y no hacedores, somos como alguien que se mira en el espejo y se va, y después se olvida de cómo era su aspecto (véase Santiago 1:22-23).

Si está leyendo este capítulo, supongo que casi ha terminado el libro, y le insto a no dejarlo en la estantería y meramente estar orgulloso de haber terminado otro libro más acerca de Dios y de sus caminos, y después alejarse y pensar: "Ahora lo sé todo sobre el temor".

Saber algo mentalmente y conocerlo por experiencia son dos cosas totalmente distintas. Con frecuencia decimos que el conocimiento del corazón es mucho más profundo que el conocimiento de la cabeza. Una cosa entra en nuestro corazón a medida que la ejercitamos, no sólo cuando teorizamos al respecto. Cada temor que usted enfrenta se convierte en una pequeña victoria para usted y le prepara para enfrentar el siguiente.

> *Cada temor que usted enfrenta se convierte en una pequeña victoria para usted y le prepara para enfrentar el siguiente.*

Cada vez que usted sienta temor y decida hacerlo "aunque sea con miedo", disfrutará de su nueva libertad tanto, que pronto no estará dispuesto en absoluto a pasarse sin esa libertad. Pronto estará decidido a que sus días de esclavitud al temor hayan terminado. Eso no significa que no necesite aún enfrentar el temor, sino que significa que estará cada vez más decidido a seguir enfrentándolo.

Todos sabemos por leer libros y escuchar maravillosos sermones, que a pesar de lo mucho que los necesitemos o los disfrutemos, es fácil olvidarlos. Hay algunos libros y enseñanzas que no tenemos que dejar olvidados en la estantería, sino que deberíamos mantenerlos cerca para poder consultarlos con frecuencia. Yo he leído varias veces algunos de los libros que han significado mucho para mí, y hay ciertas partes de libros a las que regreso y vuelvo a leer una y otra vez cada vez que siento que me estoy debilitando en cierta área.

Cristo nos libertó para que vivamos en libertad. Por lo tanto, manténganse firmes y no se sometan nuevamente al yugo de esclavitud.

Gálatas 5:1

Esta escritura es muy clara respecto a que aunque hayamos sido totalmente liberados de un yugo de esclavitud, necesitaremos a veces mantenernos firmes y no permitirnos a nosotros mismos quedar atrapados por ese yugo otra vez.

Satanás es muy astuto, y no tira la toalla con facilidad. Supongo que podemos decir que nunca renuncia completamente a la esperanza de volver a llevarnos a la atadura. Debemos vivir vigilantes, listos para reconocer y confrontar inmediatamente las cosas que roban nuestra libertad en Cristo.

Cuando caiga, ¡levántese y siga adelante!

La Biblia dice que el justo cae siete veces y vuelve a levantarse (véase Proverbios 24:16). Me encanta esta escritura, y soy muy alentada por ella. Incluso la persona más justa no hace todo lo que sabe que debe hacer en todo momento, pero está comprometida a no tirar la toalla. Tan sólo porque tenga usted un momento de debilidad, eso no significa que haya perdido su victoria. Si abandonamos, incluso Dios no puede ayudarnos porque recibimos su ayuda mediante la fe, y no mediante la desesperanza. Necesitamos mantenernos positivos, esperanzados y llenos de fe, y cuando lo hacemos, no hay nada que no podamos vencer. ¡Yo digo con frecuencia que cualquiera puede tener éxito si se niega a abandonar!

Algunos temores están más profundamente arraigados en nosotros que otros, y por ese motivo puede que sea necesario que seamos más agresivos contra ellos. El mío es el temor de hacer enojar a las personas. Mi padre siempre estaba enojado, y yo nunca sabía realmente si había hecho algo para hacerle sentir de ese modo. El temor a hacer enojar a mi padre estaba constantemente conmigo durante mi niñez, y sigo descubriendo hoy día que si estoy cerca de algún familiar que parece estar molesto o enojado, comienzo a preguntarme si yo hice algo para hacer enojar a esa persona. Me gustaría poder decir que después de todos estos años de enseñar a otros, ya no tengo que enfrentar este temor, pero la buena noticia es que lo reconozco y lo enfrento, y por eso sigo teniendo la victoria.

Ser capaces de reconocer las mentiras, el engaño y las estrategias del diablo es una importante victoria. Siempre deberíamos estar listos para resistirle al comienzo de sus ataques. Cuanto más tiempo permitamos que permanezca un temor, más difícil puede que sea librarnos de él. Por tanto, tome una decisión de ser una persona de acción. Pereza, pasividad e irresponsabilidad son una invitación abierta para que Satanás le gobierne. En el capítulo 25 de Mateo se nos habla de diez vírgenes que salieron a encontrarse con el novio. Cinco de ellas eran necias y se cansaron de esperar, y se quedaron dormidas; las otras cinco eran sabias y se mantuvieron despiertas continuando con sus preparativos para encontrarse con el novio. Jesús les dijo: "Sean cautas y activas porque no saben el día ni la hora en que el Hijo del Hombre vendrá" (véase Mateo 25:1-13).

No creo que estaría mal tampoco decir: "Sean cautas y activas porque no saben cuándo atacará el diablo con temor, o con cualquier otra cosa que puede hacer para alejarles del maravilloso plan de Dios para su vida".

Armado y peligroso

El conocimiento nos prepara para la batalla. Usted tiene lo necesario para ganar. En realidad, la Palabra de Dios dice que somos más que vencedores por medio de Cristo que nos ama (véase Romanos 8:37). Usted está armado con la verdad de la Palabra de Dios, y es peligroso para el diablo mientras continúe levantando el escudo de la fe y aplicando activamente la verdad de la que ahora tiene conocimiento.

La Palabra de Dios nos arma para la batalla. Hay una guerra que ganar, y debemos vernos a nosotros mismos como soldados en el gran ejército de Dios. Usted tiene la coraza de justicia, el cinto de la verdad que es la Palabra de Dios, el casco de la salvación, la espada del Espíritu (la Palabra de Dios), el calzado de la paz y el escudo de la fe.

> Con todo mi corazón quiero que usted crea que ya tiene la victoria por medio de Cristo, y con su ayuda (gracia), puede aplicar esa victoria diariamente.

Y para añadir a todo eso, tenemos el poder y el privilegio de la oración (véase Efesios 6:13-18). ¿Cómo podemos ser derrotados? No podemos hacerlo mientras nos pongamos la armadura que Dios nos da el lugar de mantenerla en un armario en algún lugar y pensar que Dios se ocupará de nosotros mientras nos mantenemos inactivos y pasivos.

Con todo mi corazón quiero que usted crea que ya tiene la victoria por medio de Cristo, y con su ayuda (gracia), puede aplicar esa victoria diariamente. Dios nos ha dado todo lo que jamás podríamos necesitar por medio de Cristo. Nos ha bendecido con toda bendición en el ámbito espiritual (véase Efesios 1:3). Nos ha dado poder y autoridad sobre todo el poder que el enemigo posee (véase Lucas 10:19). Tenemos lo necesario, pero debemos ser activos y no tirar nunca la toalla. Recuerde: ¡una caída no es un fracaso! El justo cae siete veces, ¡y aun así vuelve a levantarse!

Es tiempo de poseer la tierra

En el Antiguo Testamento, Dios prometió a los israelitas que podían vivir en un lugar al que llamó la Tierra Prometida, una tierra que tenía toda cosa buena que ellos necesitarían para ser fructíferos y disfrutar de la vida. También les dijo que tendrían que poseer la tierra. ¡Él se la entregó y ellos tenían que poseerla! Lo mismo es cierto para nosotros en la actualidad. Jesús ha comprado con su propia sangre nuestra libertad y todo lo bueno que podríamos desear jamás, pero debemos poseerlo.

Cuando estudiamos la palabra "poseer", descubrimos que significa poseer mediante desposeer a los actuales ocupantes. Eso arroja mucha luz sobre lo que se requiere para vivir en la libertad que nos ha sido proporcionada. Debemos estar decididos, alertas y no dispuestos a conformarnos con nada menos que la victoria completa.

> *Practiquen el dominio propio y manténganse alerta. Su enemigo el diablo ronda como león rugiente, buscando a quién devorar. Resístanlo, manteniéndose firmes en la fe, sabiendo que sus hermanos en todo el mundo están soportando la misma clase de sufrimientos.*
>
> 1 Pedro 5:8-9

Cuando por primera vez comencé a entender la vida increíble que Jesús había proporcionado para mí, me sentí enojada de que me hubiera sido robada mediante el engaño. También estaba un poco molesta porque después de muchos años de asistir regularmente a la iglesia, no hubiera sido claramente informada de lo que era mío por medio de Jesús. Me habían dicho qué tenía que hacer, ¡pero no cómo hacerlo! Oro para que nunca cometa ese error como maestra de la Palabra de Dios. Quiero ayudar a las personas, y no dejarlas frustradas.

Yo fui una creyente en Jesús frustrada que tenía muy poca victoria en mi vida diaria, si es que tenía alguna. Tenía seguridad del cielo, pero ningún gozo de vivir. No tenía idea de lo que estaba en mi cuenta celestial; por tanto, vivía como una creyente en bancarrota.

Cuando comencé a estudiar seriamente la Palabra de Dios y descubrí lo que me pertenecía, no me di cuenta de que el diablo se opondría a mí en cada paso del camino. Pablo le dijo a Timoteo que estuviese preparado para pelear "la buena batalla de la fe" y hacer suya "la vida eterna" (véase 1 Timoteo 6:12). Vida eterna no se refiere solamente a ir al cielo cuando muramos; comienza en el momento en que recibimos a Jesús como Salvador y Señor, y significa vida tal como Dios la vive. ¡Eso suena emocionante! Yo quiero este tipo de libertad y disfrute, y no estoy dispuesta a pasarme sin ello. ¿Y usted?

Gracias a Dios, finalmente vi la luz y ahora sé que aunque Satanás resistirá mi libertad agresivamente, yo tengo el poder y la autoridad para desposeerle y poseer lo que me pertenece en Cristo, y usted también los tiene.

Poseer la plena libertad que es suya en Cristo es un viaje. Siempre hay nuevo terreno que tomar. Aprender a enfrentar el temor es una de las cosas más importantes que necesitamos aprender porque el temor es una de las principales herramientas del enemigo.

Preste atención a sus pensamientos y sentimientos

Tome una semana y preste atención a propósito a cualquier pensamiento o sentimiento de temor que podría tener. Creo que cuando se da cuenta de con cuánta frecuencia el temor sale contra usted, quedará sorprendido y abatido. Pero por favor recuerde que sencillamente porque sienta temor, no significa que tenga que inclinarse ante él. Reconocer el temor es una cosa buena, porque usted puede simplemente sonreír y decir: "¡Ningún temor vive aquí"! ¡Usted puede hacerlo aunque sea con miedo!

Preste atención incluso en las cosas pequeñas. Mi cabello está en este momento un poco largo, y cuando eso sucede tengo más dificultad para hacer que se vea bien. Hoy tengo una reunión importante y, desde luego, como cualquier mujer, quiero verme bien. Me encontré pensando: *Me preocupa no poder ser capaz de lograr que mi cabello se vea bien.* ¿Se califica eso como temor? Quizá no sea un temor declarado, pero ciertamente no es fe, así que decidí pedir ayuda a Dios, ¡y espero que se vea estupendo!

Mañana tengo una sesión de mentoría de cuatro horas, y veinte mujeres experimentadas en el ministerio me estarán haciendo preguntas que tienen, y desde luego se supone que yo debo responderlas. ¿Tendré todas las respuestas, y serán las respuestas correctas? Puedo tener miedo a no tenerlas y terminar viéndome necia, o puedo ir en fe creyendo que Dios me dará lo que necesito cuando lo necesite.

Me duele un poco la espalda y estoy fuera de la ciudad, así que no puedo visitar a mi quiropráctico. He tenido algunos problemas importantes de espalda en el pasado, así que podría ser fácil para mí aceptar el temor a que comiencen otra vez. Decido creer que se debe a dormir en una cama diferente, y haré algunos ejercicios para los músculos de la espalda y tendré un buen día.

Estoy dando estos sencillos ejemplos para que pueda ver que todos los temores no son inmensos. Muchos de ellos son pensamientos vagos e inquietantes que evitan que disfrutemos plenamente de la vida. Si está preparado para enfrentar el temor, ¡bien puede confrontar todo él!

No sea impaciente. Poseer libertad es un proceso continuo.

Es algo que obtenemos y después necesitamos mantener. Siempre mire y disfrute su progreso en lugar de limitarse a ver lo que le falta por recorrer. Hoy es un nuevo día, y cada nuevo día es un día para comenzar otra vez. Gracias por permitirme compartir con usted lo que he aprendido acerca de enfrentar el temor haciéndolo aunque sea con miedo, y recuerde la cita que hay al principio de este capítulo: Valentía no significa rugido; a veces la valentía es esa pequeña voz al final del día que dice: "Volveré a intentarlo mañana".

Busqué al Señor, y él me respondió; me libró de todos mis temores.
Salmos 34:4

*Pues Dios no nos ha dado un espíritu de timidez,
sino de poder, de amor y de dominio propio.*
2 Timoteo 1:7

*Y ustedes no recibieron un espíritu que de nuevo los
esclavice al miedo, sino el Espíritu que los adopta como
hijos y les permite clamar: "¡Abba! ¡Padre!".*
Romanos 8:15

*¡Sé fuerte y valiente! ¡No tengas miedo ni te desanimes! Porque
el Señor tu Dios te acompañará dondequiera que vayas.*
Josué 1:9

Depositen en él toda ansiedad, porque él cuida de ustedes.
1 Pedro 5:7

*En el amor no hay temor, sino que el perfecto amor echa
fuera el temor; porque el temor lleva en sí castigo. De
donde el que teme, no ha sido perfeccionado en el amor.
Nosotros le amamos a él, porque él nos amó primero.*
1 Juan 4:18-19 (RVR60)

El Señor es mi luz y mi salvación; ¿a quién temeré? El Señor es el baluarte de mi vida; ¿quién podrá amedrentarme?
Salmos 27:1

Así que no temas, porque yo estoy contigo; no te angusties, porque yo soy tu Dios. Te fortaleceré y te ayudaré; te sostendré con mi diestra victoriosa.
Isaías 41:10

Porque yo soy el Señor, tu Dios, que sostiene tu mano derecha; yo soy quien te dice: "No temas, yo te ayudaré".
Isaías 41:13

Yo les he dicho estas cosas para que en mí hallen paz. En este mundo afrontarán aflicciones, pero ¡anímense! Yo he vencido al mundo.
Juan 16:33

Aun si voy por valles tenebrosos, no temo peligro alguno porque tú estás a mi lado; tu vara de pastor me reconforta.
Salmos 23:4

Ustedes quédense quietos, que el Señor presentará batalla por ustedes.
Éxodo 14:14

Cuando siento miedo, pongo en ti mi confianza. Confío en Dios y alabo su palabra; confío en Dios y no siento miedo. ¿Qué puede hacerme un simple mortal?
Salmos 56:3-4

*El Señor mismo marchará al frente de ti y estará contigo; nunca
te dejará ni te abandonará. No temas ni te desanimes.*
Deuteronomio 31:8

*Así que podemos decir con toda confianza: "El Señor es quien me
ayuda; no temeré. ¿Qué me puede hacer un simple mortal?".*
Hebreos 13:6

*La paz les dejo; mi paz les doy. Yo no se la doy a ustedes
como la da el mundo. No se angustien ni se acobarden.*
Juan 14:27

Cuídame, oh Dios, porque en ti busco refugio.
Salmos 16:1

*Pero Jesús se acercó a ellos y los tocó.—
Levántense—les dijo—. No tengan miedo.*
Mateo 17:7

*No se inquieten por nada; más bien, en toda ocasión, con oración
y ruego, presenten sus peticiones a Dios y denle gracias.*
Filipenses 4:6

No les tengas miedo, que el Señor tu Dios pelea por ti.
Deuteronomio 3:22

ESCRITURAS SOBRE EL
PODER DE LA FE

*Es, pues, la fe la certeza de lo que se espera,
la convicción de lo que no se ve.*
Hebreos 11:1 (RVR60)

*Así que la fe viene como resultado de oír el mensaje,
y el mensaje que se oye es la palabra de Cristo.*
Romanos 10:17

*Les aseguro que si tienen fe tan pequeña como un grano de
mostaza, podrán decirle a esta montaña: "Trasládate de aquí
para allá", y se trasladará. Para ustedes nada será imposible.*
Mateo 17:20

Porque para Dios no hay nada imposible.
Lucas 1:37

*Para que la fe de ustedes no dependiera de la
sabiduría humana sino del poder de Dios.*
1 Corintios 2:5

Y todo el que vive y cree en mí no morirá jamás. ¿Crees esto?
Juan 11:26

*Porque por gracia ustedes han sido salvados mediante la fe;
esto no procede de ustedes, sino que es el regalo de Dios.*
Efesios 2:8

En realidad, sin fe es imposible agradar a Dios, ya que
cualquiera que se acerca a Dios tiene que creer que
él·existe y que recompensa a quienes lo buscan.

Hebreos 11:6

—¿Por qué tienen tanto miedo?—dijo a sus
discípulos—. ¿Todavía no tienen fe?

Marcos 4:40

Si ustedes creen, recibirán todo lo que pidan en oración.

Mateo 21:22

Abram creyó al Señor, y el Señor lo reconoció a él como justo.

Génesis 15:6

—Porque me has visto, has creído—le dijo Jesús—;
dichosos los que no han visto y sin embargo creen.

Juan 20:29

Entonces los apóstoles le dijeron al Señor:—¡Aumenta nuestra fe!

Lucas 17:5

Todos ustedes son hijos de Dios mediante la fe en Cristo Jesús.

Gálatas 3:26

Sin embargo, alguien dirá: "Tú tienes fe, y yo
tengo obras". Pues bien, muéstrame tu fe sin las
obras, y yo te mostraré la fe por mis obras.

Santiago 2:18

El insolente no tiene el alma recta, pero el justo vivirá por su fe.

Habacuc 2:4

—¡Recibe la vista!—le dijo Jesús—. Tu fe te ha sanado.
Lucas 18:42

Encomienda al Señor tu camino; confía en él, y él actuará.
Salmos 37:5

Pelea la buena batalla de la fe; haz tuya la vida eterna,
a la que fuiste llamado y por la cual hiciste aquella
admirable declaración de fe delante de muchos testigos.
1 Timoteo 6:12

Porque todo el que ha nacido de Dios vence al mundo.
Ésta es la victoria que vence al mundo: nuestra fe.
1 Juan 5:4

NOTAS

Capítulo 1: Diga adiós al temor

1 www.moreillustrations.com

Capítulo 4: Fobias

1 http://www.mayoclinic.com/health/phobias/DS00272

2 Información proporcionada por Jordan Smoller—Profesor asociado de Psiquiatría en Harvard Medical School y Profesor asociado en el Departamento de Epidemiología en Harvard School of Public Health. Autor de *The Other Side of Normal.* (Source: http://www.huffington post.com/jordan-smoller/biggest-phobias_b_1525627.html)

3 http://animal.discovery.com/tv/my-extreme-animal-phobia/top -10-weirdest-phobias.html

4 www.family-times.net/illustrations/fear/

5 Lloyd C. Douglas, *Magnificent Obsession* (New York, New York: Houghton Mifflin Company, 1929), p. 5.

6 http://www.statisticbrain.com/fear-phobia-statistics/

Capítulo 5: Cómo cultivar valentía

1 Paul Harvey, Los Angeles Times Syndicate

Capítulo 11: El temor a no ser querido

1 *Nelson's Annual Preacher's Sourcebook*: 2003 Edition, p. 385

2 http://en.thinkexist.com/quotation/true_success_is_overcoming_the _fear_of_being/218403.html

Capítulo 12: El temor a ser incompetente

1 http://www.sermoncentral.com/sermons/facing-your-fear-of-failure -jonathan-mcleod-sermon-on-fear-and-worry-89976.asp

2 http://www.brainyquote.com/quotes/quotes/m/michaeljor127660.html

3 http://www.inspirational-quotes.info/failure.html

4   http://www.henryfordquotes.org/one-who-fears-failure-limits-his
    -activities-failure-is-only-the-opportunity-to-more-intelligently
    -begin-again/

Capítulo 14: El temor al hombre

1   Sunday School Chronicle, www.moreillustrations.com

Capítulo 16: El temor a cometer errores

1   Tomado de Alina Tugend, *New York Times*, "The Paralyzing Problem
    of Too Many Choices".

Capítulo 19: ¿Está transmitiendo sus temores a sus hijos?

1   Encontrado en www.a-better-child.org/page/889398

Capítulo 20: El temor a la muerte

1   http://www.heartlight.org/cgi/simplify.cgi?20050225_feardeath.html
2   Today in the Word, MBI, octubre de 1991, p. 33

JOYCE MEYER es una de las principales maestras prácticas de la Biblia. Su programa de televisión y radio, *Disfrutando la vida diaria*, se transmite por cientos de cadenas de televisión y estaciones de radio mundialmente.

Joyce ha escrito más de 100 inspiradores libros. Algunos de sus éxitos de ventas son: *Dios no está enojado contigo, Cómo formar buenos hábitos y romper malos hábitos, Hazte un favor a ti mismo... perdona, Vive por encima de tus sentimientos, Pensamientos de poder, El campo de batalla de la mente, Luzca estupenda, siéntase fabulosa, Mujer segura de sí misma, Tienes que atreverte y Cambia tus palabras, cambia tu vida.* Joyce viaja realizando conferencias durante el año dirigiéndose a miles de personas alrededor del mundo.